BANGYANG DE
ZHENGNENGLIANG
榜样的正能量

向榜样学习

奋斗·探索

刘广富　编著

北京出版集团
北京出版社

图书在版编目(CIP)数据

向榜样学习．奋斗·探索／刘广富编著．— 北京：
北京出版社，2014.1
（榜样的正能量）
ISBN 978 - 7 - 200 - 10315 - 1

Ⅰ．①向… Ⅱ．①刘… Ⅲ．①品德教育—中国—青年
读物②品德教育—中国—少年读物 Ⅳ．①D432.62

中国版本图书馆 CIP 数据核字(2013)第 282772 号

榜样的正能量
向榜样学习　奋斗·探索
XIANG BANGYANG XUEXI　FENDOU·TANSUO

刘广富　编著

＊

北 京 出 版 集 团 出版
北 京 出 版 社
（北京北三环中路 6 号）
邮政编码：100120

网　　址：www.bph.com.cn
北 京 出 版 集 团 总 发 行
新 华 书 店 经 销
三河市同力彩印有限公司印刷

＊

787 毫米×1092 毫米　16 开本　12 印张　170 千字
2014 年 1 月第 1 版　2023 年 2 月第 4 次印刷
ISBN 978 - 7 - 200 - 10315 - 1
定价：32.00 元
如有印装质量问题，由本社负责调换
质量监督电话：010 - 58572393
责任编辑电话：010 - 58572303

前　言

　　"天行健，君子以自强不息。"对生命理想的不懈奋斗和对真理的上下求索，自古以来就是中华民族代代绵延的精神动力。不论是上古传说中衔木填海的精卫、逐日奔跑的夸父，还是求学路上悬梁刺股、囊萤凿壁的苦读身影；不论乱世狼烟中闻鸡起舞、发愤图强的历代名将，还是庙堂江湖上忧国忧民的仁人侠客……都在向我们传递着一种上下求索、九死不悔的拼搏奋斗精神。

　　"生于忧患，死于安乐。"如果一个人不思进取，耽于逸乐，那么当他回首往事时，一定会因虚度年华而悔恨，会因碌碌无为而羞愧；"忧劳可以兴国，逸豫可以亡身"，如果一个民族不居安思危、团结奋进，那么必将在今后日益激烈的世界竞争中被无情淘汰。因此，唯有顽强"奋斗"，唯有不懈"探索"，我们每一个人才能得以生存，我们这个社会才能得以维持。

　　生命不息，奋斗不已。你看那开在泥泞路边的朵朵野花，几乎没有人会把目光投注在她们的笑靥上，但她们依然斗志昂扬，朝沐阳光，夕吮霜露，盛放属于自己的美丽；你看那负重前行的小小蜗牛，怀揣大大的目标，一步一步往上爬，克服重重困难，最终登上梦想的金字塔；你看那贫困山区里用泥巴和石子书写希望的孩子，他们的眼神里满怀着对知识的渴望，无论现实多么残酷，他们的内心永远盛满阳光……

可见：大千世界，一切生命都在奋斗中轮回。

"生活的理想，就是为了理想的生活"，当我们谈论奋斗与探索时，一个重要的前提是我们内心要拥有自己的目标、梦想或追求。唯胸中有志，奋斗的力量才能自然生发，否则就如无源之水、无根之木，不会长久。"不积跬步，无以至千里；不积小流，无以成江海"，古往今来每一位成功者的故事都提醒我们，理想的实现不是一蹴而就的，需要我们用甘于寂寞的心境，用铁杵磨成针的功夫，脚踏实地，锲而不舍，用点滴的行动聚沙成塔。"天将降大任于斯人也，必先苦其心志，劳其筋骨，饿其体肤，空乏其身，行拂乱其所为，所以动心忍性，曾益其所不能"，在我们为目标奋斗的道路上，必然会荆棘难避，坎坷常伴，因此唯有心中怀有必胜信念，身上充满坚强力量的勇者，才能夺取成功的桂冠。

本书选取了各个社会领域中用奋斗书写人生精彩的真人故事：有邓稼先那样为了祖国的科学事业"鞠躬尽瘁，死而后已"的科学家；有王进喜那样"没有条件创造条件也要上"的新时代产业工人；有吴士宏那样不甘平庸，敢于挑战的商场精英；还有邰丽华那样身残志坚，追求艺术完美境界的生命强者……相信他们奋斗的人生，如同夜幕上永恒璀璨的北极星，为青少年的人生之路指引方向；如同一曲气势磅礴的命运交响曲，为青少年注入与人生挫折相搏到底的巨大能量；如同金色沙漠尽头涌现的绿色家园，为青少年带来梦想成真的缤纷希望。

"十七八岁的年纪没有深沉/开始成熟的生命梦想缤纷/打开青春的喉咙大声呼唤/无忧无虑地放飞真情童心/让最真的祝福沁入胸襟/让最美的憧憬注满甘霖/让鲜嫩的春花长成秋实/让缤纷的梦想步步成真/让缤纷的梦想步步成真"

青少年们，你们正处于生命最蓬勃旺盛的时期，你们的未来"一切皆有可能"，所以，勇敢地放飞梦想吧，用奋斗与探索歌唱无悔的青春之歌吧！

目　录

第一章

吾将上下而求索

中国地质力学的创始人

【模范人生】

李四光，生于 1889 年，蒙古族，湖北省黄冈市人。少年时的李四光和地质完全搭不上关系，为了要造出中国第一流兵舰，15 岁的他去日本留学时选修的是造船专业。但当时中国没有钢铁不能造船，李四光又转赴英国伯明翰大学学习采矿。可他觉得采矿离不开找矿、勘探，还需要掌握地质学的专门知识，于是，他最终选择了地质专业。

1918 年，李四光回国效力。从 1920 年起，李四光担任北京大学地质系教授、系主任，1928 年又到南京担任中央研究院地质研究所所长，后当选为中国地质学会会长。他带领学生和研究人员常年奔波野外，跋山涉水，足迹遍布祖国山川。中华民族地大物博，生物标本遍地都是，但当时中国非常缺乏与之有关的理论书籍，这一点也让李四光非常头疼。

当时的地质学术中心在欧洲，很多理论书籍也是欧洲专家所撰写。于是，他就利用赴欧洲讲学、参加学术会议的机会，动用自己所有的积蓄，在欧洲遍求有关地质学、古生物学的二手书籍。在李四光的"哄抬"下，当时欧洲二手书市场价格猛涨。目前已经是世界三大古生物研究中心之一的中科院南京地质古生物研究所内的古生物专用图书馆内很多馆藏书籍，都是李四光当年不远万里从欧洲带回来的。

全面内战时期，李四光丧失了从事科研的基本条件，1948 年赴欧洲从事地质考察和学术研究活动后留了下来。1949 年秋，新中国成立在即，李四光被邀请担任全国政协委员。得到消息的李四光立即准备回国。这时，国民党政府驻英大使已接到密令，要他公开发表声明拒绝接受政协委员职务，否则要扣留他。李四光不为所惧，几经辗转，于 1950 年 5 月 6 日回到北京。

回国后的李四光，先后担任了地质部部长、中国科学院副院长、全国科联主席、全国政协副主席等职。当时，中国被国外断言是贫油的国家。1953 年，李四光被毛泽东邀请至中南海。周恩来分析了我国石油生产形势后，毛泽东提出，如果中国真的贫油，要不要走人工合成石油的道路。而李四光十分肯定地说，我国天然石油的远景大有可为。他从新华夏构造体系的观点出发，向毛泽东、周恩来分析了我国地质条件。认为在我国辽阔的领域内，天然石油资源的蕴藏量应当是丰富的。

听到李四光的话，周恩来笑着说："我们的地质部长很乐观啊！"毛泽东也高兴地笑了，当即作了关于开展石油普查勘探的战略决策。根据毛泽东的战略决策，地质部和兄弟部门一起，在全国范围内开展了战略性的石油普查勘探工作。根据地质力学的理论，他们在一些辽阔的中、新生代沉积盆地中，在约 200 多万平方公里的面积内进行了程度不同的石油普查。打了 3000 多口普查钻井，总进尺 120 多万米。从所取得的大量地质资料看，不仅初步摸清了我国石油地质的基本特征，而且证实了我国有着丰富的天然石油资源。后来的大庆油田就是最好的例证。

1955 年 1 月 15 日，毛泽东问李四光："中国有没有造原子弹的铀矿石？"李四光早就预见到新中国的国防和经济建设需要铀矿资源。回国时，他克服重重困难从英国带回了一台伽马仪，为后来寻找铀矿发挥了重要作用。听到毛主席的问话，他立即将随身携带的探测器和从中国境内发现的铀矿石当场演示给领导人看。遵循李四光的思路，覃慕陶、吴磊伯等经过艰苦工作，找到了 211 特大型铀矿床。

1964 年 10 月 16 日，中国第一颗原子弹成功爆炸。

创立地质力学，是李四光对地球科学的最大贡献。地壳是在运动中存在的，它有缓慢的长期运动，也有急促的剧烈运动。地球表面出现的各种构造形迹，乃是长期和多次急剧运动加在一起的综合现象。所有的构造形迹，都有自己发育的过程，都不是孤立存在的。李四光在这些思路的指引下，把应用力学引入地质学中，用力学观点研究地壳构造和地壳运动规律，建立了构造形式和构造体系的概念和理论，从而创立了地质力学这门新兴的边缘学科。

1926 年，《地球表面形象变迁的主因》的发表是李四光地质力学研究的第一个里程碑，李四光地质力学研究的萌芽吸收了当时国际先进地质学家的思想营养。他根据中国和东亚的地质构造特点形成和发展了中国的地质理论。20 世纪 40 年代初，李四光率先将力学引入地质构造的分析，发表了《地质力学之基础与方法》，地质力学理论已粗具雏形。1962 年，《地质力学概论》的完稿是他对地质力学理论的总结，并对地质力学的工作方法进行了阐述和说明。地质力学理论的核心是构造体系的思想，他在地球科学飞速发展的今天仍闪烁着光芒。

【精神榜样】

"来者尽翘翘，前峰喜更高。"以热爱祖国、创新求实、服务社会为灵魂的"李四光精神"，已成为激励我国地质科学工作者勇攀高峰、献身祖国的铮铮誓言和强大动力。自 1989 年设立中国地质行业最高层次的荣誉奖——"李四光地质科学奖"以来，已经有 100 多位获得者向祖国和人民交上了出色的答卷。"李四光精神"必将激励更多的人为认知人类社会，认知大自然，认知我国的国情和地情而不懈奋斗。

向"哥德巴赫猜想"进军

【模范人生】

1933 年 5 月 22 日，在福建省闽侯县胪雷村，一个瘦弱的男婴降生了。因为在堂兄弟里排行第九，在家里大家都叫他"九哥"。九哥出生的时候，他的父亲陈元俊在闽侯县的一个邮局工作，全家仅靠他那微薄的收入维持生活。在福建方言里，日子过得好叫滋润，于是父亲给九哥起名叫陈景润。

1945 年，陈景润随全家从闽西北迁居福州市并进入英华中学读书。他从小内向而好学，因只知啃书本而被同学们起了一个绰号"booker"（书呆子）。此时，我国著名科学家沈元教授（后来任北京航空学院院长）由于抗战而南下，曾在该校兼课，他在一堂数学课中提到了"哥德巴赫猜想"。

哥德巴赫是 17 世纪著名的德国数学家，他于 1742 年曾经猜想任意的大偶数可表述为两个素数之和。为了证明这个猜想，200 多年来，世界各国的数学家对这一猜想做过无数次努力，但均未获得有价值的进展。"哥德巴赫猜想"被称为"数学皇冠上的明珠。"

沈元教授在讲述这个猜想时，大家只是一听而过，唯有陈景润陷入沉思。他暗下决心，要沿着长满荆棘的道路攀登和摘取这颗"明珠"。

1953 年的秋天，陈景润从厦门大学数学系毕业，被分配到了北京四中当数学教师。由于他不善于讲演，北京四中史无前例地安排他只负责批改作业。在四中工作的这一年里，他住院六次，做了三次手术。在病床上的日子成了他最美好的时光，他用数学家特有的灵敏，推算查房的时间，用最快的速度把书藏到枕头底下。在这段时间里，研究华罗庚的《堆垒素数论》成了他生活的唯一寄托。

1954 年的秋天，他离开北京四中。厦门大学校长王亚南爱惜人才，让他回校任图书资料员。在母校的日子里，陈景润完成了论文《他利问题》，改进了华罗庚在《堆垒素数论》中的结果，当时他只有 23 岁。华罗庚曾经对自己的得意门生王元说："你们待在我身边，倒让一个素不相识的青年改进了我的工作。"1957 年 9 月，华罗庚把陈景润调到了中国科学院数学研究所。

关于"哥德巴赫猜想"，首先是数学研究所的王元于 1956—1957年相继证明了（3＋4）与（2＋3）；接着山东大学的潘承洞于 1962 年取得了（1＋5）的关键性进展。在此后数年间，他们两人又进一步证明了（1＋4）和（1＋3）。1973 年，《中国科学》发表了陈景润的（1＋2）的详细证明。国内外数学界公认他的论文是"哥德巴赫猜想"研究的重要里程碑，这项成果被誉为"陈氏定理"。

从事科学研究是陈景润的全部生活和精神寄托。住院期间，他常给看望他的同行、领导唱《小草》这支歌，他说自己要像小草一样奉献给春天。去世后，家人根据他的愿望将他的遗体捐献给医院供解剖用。他说："让我为科学事业做最后一次奉献吧！"

陈景润对数学以外的兴趣是极其有限的。他喜欢北京香山的鬼见愁，在去世前一个月，他还和夫人由昆相约，到病情稳定以后和妻儿去登高望远，但最终未能成行。在陈景润最后的岁月里，他曾经竭尽全力冲刺"哥德巴赫猜想"，虽然离最终解决"哥德巴赫猜想"问题只有一步之遥，但最终未能实现。

【精神榜样】

国外同行曾评价陈景润的每一项工作："都好像是在喜马拉雅山山巅上行走。"尽管陈景润没有完成"哥德巴赫猜想"的最终证明，但他以百折不挠的毅力铸起的精神丰碑，激发起全国人民尤其是青少年投身科学探索的巨大热情，成为一代代人心灵的写照。陈景润的拼搏奋斗精神永远值得每一个人践行和崇尚。

百折不挠的诺贝尔

【模范人生】

1864年9月3日这天，寂静的斯德哥尔摩市郊，突然爆发出一声震耳欲聋的巨响，滚滚的浓烟雾时冲上天空，一股股火焰直往上蹿。仅仅几分钟时间，一场惨祸发生了。当惊恐的人们赶到现场时，只见原来屹立在这里的一座工厂只剩下残垣断壁，火场旁边，站着一位30多岁的年轻人，突如其来的惨祸和过分的刺激，已使他面无血色，浑身不住地颤抖着……

这个大难不死的青年，就是后来闻名于世的弗莱德·诺贝尔。诺贝尔眼睁睁地看着自己所创建的硝化甘油炸药实验工厂化为了灰烬。人们从瓦砾中找出了五具尸体，四人是他的亲密助手，而另一个是他在大学读书的小弟弟，五具烧得焦烂的尸体，令人惨不忍睹。诺贝尔的母亲得知小儿子惨死的噩耗，悲痛欲绝；年迈的父亲因大受刺激而引起脑溢血，从此半身瘫痪。然而，诺贝尔在失败面前却没有动摇。

事情发生后，警察局立即封锁了爆炸现场，并严禁诺贝尔重建自己的工厂。人们像躲避瘟神一样地避开他，再也没有人愿意出租土地让他进行如此危险的实验。但是，困境并没有使诺贝尔退缩，几天以后，人们发现在远离市区的马拉仑湖上，出现了一只巨大的平底驳船，驳船上并没有装什么货物，而是装满了各种设备，一个年轻人正全神贯注地进行实验。毋庸置疑，他就是在爆炸中死里逃生，被当地居民赶走了的诺贝尔！

无畏的勇气往往令死神也望而却步。在令人心惊胆战的实验里，诺贝尔依然持之以恒地前进，他从没放弃过自己的梦想。

苍天不负有心人，他终于发明了雷管。雷管的发明是爆炸学上的一项重大突破，随着当时许多欧洲国家工业化进程的加快，开矿山、修铁路、凿隧道、挖运河等都需要炸药。于是，人们又开始亲近诺贝尔了。他把实验室从船上搬迁到斯德哥尔摩附近的温尔维特，正式建立了第一座硝化甘油工厂。接着，他又在德国的汉堡等地建立了炸药公司。一时间，诺贝尔的炸药成了抢手货，诺贝尔的财富与日俱增。

然而，初试成功的诺贝尔，好像总是与灾难相伴。不幸的消息接连不断地传来。在旧金山，运载炸药的火车因震荡发生爆炸，火车被炸得七零八落；德国一家著名工厂因搬运硝化甘油时发生碰撞而爆炸，整个工厂和附近的民房变成了一片废墟；在巴拿马，一艘满载着硝化甘油的轮船，在大西洋的航行途中，因颠簸引起爆炸，整艘轮船葬身大海……

一连串骇人听闻的消息，再次使人们对诺贝尔望而生畏，甚至把他当成瘟神和灾星。随着消息的广泛传播，他被全世界的人所诅咒。

诺贝尔又一次被人们抛弃了，不，应该说是全世界的人都把自己应该承担的那份责任给了他一个人。面对接踵而至的灾难和困境，诺贝尔没有一蹶不振，他身上所具有的毅力和恒心，使他对已选定的目标义无反顾、永不退缩。在奋斗的路上，他已经习惯了与死神朝夕相伴。

大无畏的勇气和矢志不渝的恒心最终激发了他心中的潜能，他最终征服了炸药，吓退了死神。诺贝尔赢得了巨大的成功，他一生共获专利发明权355项。他用自己的巨额财富创立的诺贝尔奖，被国际学术界视为一种崇高的荣誉。

【精神榜样】

百折不挠的诺贝尔向我们展示了奋斗与勇气的力量。要最终战胜困难，取得胜利，少不了胆量，也少不了勇气，胆量和勇气都是用来克服自己内心恐惧的。那些成功的人们，如果当初都在一个个人生的挑战面前，因恐惧失败而退却，而放弃尝试的机会，则绝无所谓成功的降临，他们也将平凡。没有勇敢的尝试和探索，就无从得知事物的深刻内涵，而勇敢去做了，即使失败，也由于对实际的痛苦亲身经历而获得宝贵的体验，从而在命运的挣扎中，越发坚强，越发有力，越接近成功。

聪明在于勤奋

【模范人生】

　　1910 年 11 月 12 日，华罗庚出生于江苏省金坛县的一个贫苦家庭。父亲开了一个小杂货店，惨淡经营，艰难谋生。华罗庚 15 岁那年，毕业于金坛县初中，后到上海中华职业学校读书。由于家境贫寒，交不起饭费，只念了 1 年，就离开学校，失学了。

　　华罗庚从小聪明好学，念初中时，在数学课上就表现出了特殊的才华。一天王维克老师给全班出了一道数学题，这是一道出自《孙子算经》的题目："今朝有物不知其数，三三数之剩二，五五数之剩三，七七数之剩二，问物几何？"王老师在读这道题时，读得很慢，声音抑扬顿挫。读完题目后，王老师把目光扫向全班同学，一张张紧张思索的面孔，一道道疑惑不解的目光尽在王老师的视野之内。突然，一个学生站起来，说："这物品是 23 个。"这是个熟悉的声音，这声音把同学们从思索和疑惑中唤醒过来。大家用惊异的目光看着他。这个最先说出答案的同学就是少年华罗庚。华罗庚在解这道题时是这样想的：从"七七数之剩二"开始，就是说，7 数余 2，那么七的倍数再加 2 定是这个数，不妨设这个数是 $7 \times 3 + 2 = 23$。再对 23 进行检验：23 被 3除，余 2；23 被 5 除，余 3，因此，23 符合题目条件。正是由于华罗庚从小勤奋好学，王维克老师加倍看重他的聪明与才华。华罗庚在学校时给王老师留下了很深的印象。

　　就在华罗庚 18 岁那年，王维克老师当上了金坛县中学的校长。王校长爱惜人才，把华罗庚请到学校当会计兼做事务工作。从此，华罗庚更忙起来了。他回忆这段时间的经历时说："除了学校繁重的事务外，早晚还要帮助母亲料理小店的事务。每天晚上大约 8 点钟才能回家。清理小店的账目之后，才能钻研数学，常常到深夜。"这就是说，即使在繁忙的事务之后，华罗庚也不忘学习数学，因此，他的数学水平也在不断提高。

华罗庚 19 岁那年，一个偶然的机会，他借了一本杂志，名叫《学艺》，在这本杂志的第 7 卷 10 号上刊登了一篇由苏家驹教授撰写的文章《代数的五次方程式之解法》，引起了华罗庚的浓厚兴趣。通过阅读与思考，华罗庚发现文章中存在着根本性的错误。于是他问王校长："能不能写文章批评苏教授文章中的错误？"华罗庚的提问得到了王校长的肯定回答："当然可以，就是圣人，也有错误，有什么不能批评的！"他的一席话给华罗庚以很大的鼓励。于是华罗庚写了一篇逻辑严谨、说理充分的文章，经王校长过目与修改后，寄给了上海的《科学》杂志。文章于 1930 年发表了。文章一发表，就引起了当时不少人的重视。当时清华大学数学系主任熊庆来教授看到了这篇文章，而且得知这篇文章的作者是一位仅有初中毕业文凭的金坛县初中的青年人，更感到震惊。他看出了华罗庚的才华，马上写信到金坛中学，请华罗庚到清华大学工作。华罗庚接到信后，再三考虑：一方面，他想起在此之前曾因王校长让他在金坛县初中教补习班，由于有人向上级告状说王校长任用一个不合格的教员（一个初中毕业生怎么能有资格教初中），王校长不得不辞去校长职位，而且自己也不再教书；另一方面，由于自己家境贫寒，连去北京的路费都有困难，于是回信婉言谢绝了熊教授的邀请。熊教授接到华罗庚的回信后，这位求贤若渴的"伯乐"又写信去催。信中说："如果你不来，我将亲自去金坛拜访你。"华罗庚又一次收到熊教授的来信，从中得知其邀请的真切与诚意，觉得自己实在不能辜负熊教授的好意，只好由父亲出面借了路费，应邀到了清华大学。

在清华大学，华罗庚当上了一名助理员。主要职务是管理数学系的图书、收发公文、代领文具、绘制图表等。这样，他可以利用工作之余读书、听课。由于熊教授的安排与指导，华罗庚学业进步很快，学习也更加刻苦，常常自学到深夜。他只用一年半的时间就修完了大学课程，用4个月的时间自学了英语，并能达到读英语数学文献的水平。另外，他还自修了德文，特别是他听了研究生课程后，数学修养有了很大的提高，并不断取得了新的成果。他写的3篇论文，先后在国外数学杂志上发表，清华大学的教师对他不得不刮目相看。不久，在清华大学的教授会议上决定让他这位只有初中学历的人任清华大学的教师。可见，华罗庚的成才主要是由于他自己努力奋斗的结果。华罗庚在给中学生谈学习数学时说过："不怕困难、刻苦学习，是我学好数学最主要的经验。"他还说："我不轻视容易的问题，今天练习了容易的，明天碰到较难的也就容易了；我也不怕难的问题，我时刻准备着在必要时把一个问题算到底。我相信，只要辛勤劳动，没有克服不了的困难、没有攻不破的堡垒。"华罗庚就是这样刻苦学习，才从一个只有初中学历的青年，自学成为一名大学教师的。

1936年，熊庆来教授又推荐华罗庚到英国剑桥大学留学。1938年，华罗庚回到日本铁蹄下灾难深重的祖国，由熊庆来教授推荐当上了昆明西南联大教授，当时的他年仅28岁。在西南联大期间，华罗庚的生活是清苦的。他们一家住在昆明郊区的一个小村子中的两间小厢楼里，厢楼下是猪栏、牛圈，卫生环境可想而知。华罗庚在回忆这段生活时说："晚上一灯如豆。所谓灯，乃是一个破香烟罐，放上一个油盏，摘些破棉花做灯芯。为了节省菜油，芯子捻得小小的。晚上牛蹭痒，擦得地动山摇，危楼欲倒！"华罗庚虽然居住在这样的厢楼中，过着艰难的生活，但他还是勤奋努力不断地耕耘，用3年时间写出了一部数学手稿，名为《堆垒素数论》，华罗庚写完《堆垒素数论》后，自然打算出版成书。于是他又把中文稿译成英文稿，并把中文稿寄到当时的"中央研究院"，中央研究院不但未能给予出版，还把手稿弄丢了。这对华罗庚是一个莫大的打击，3年的心血付之东流，怎么不使他心疼呢！后来，华罗庚把手头的一份《堆垒素数论》英文稿寄到当时苏联的维诺格拉托夫院士那里，终于由苏联把英文稿译成俄文稿出版了。这本书出版后，引起了世界数学界的轰动。新中国成立后，《堆垒素数论》（俄文版）又被译成中文，在自己的祖国出版了。像《堆垒素数论》先在别国出版，后在国内出版，在世界出版史上也属罕见的现象。

华罗庚一共上过 9 年学，只有一张初中毕业文凭，却成了蜚声中外杰出的数学家。华罗庚的一生是勤奋好学的一生，是自学成才的典范。他的格言"天才在于积累，聪明在于勤奋"披露了这一成功的秘诀。他提出的"树老易空，人老易松，科学之道，戒之以空，戒之以松"的箴言是值得后人永志不忘的。这位开拓中国现代数学研究的巨人，逝世前的遗愿竟是："甚盼尸体能对革命有用，俟墙可作人梯，跨沟可作人桥。"

【精神榜样】

在科学探索的道路上，勤奋是最重要的行囊。有的人认为，那些取得成功的大科学家都有着异于常人的禀赋，殊不知，他们的勤奋和努力才是取得成功的秘要。春种，夏长，秋收，冬藏。每一个环节都是下一个环节的铺垫，任何的成功也都是一点一滴的勤奋累积。如果你希望能够拥有一个丰收的秋季，那么从现在起，请选择用勤奋和努力来把握住每一天吧。

科学企业家邓中翰

【模范人生】

1987 年，邓中翰考入了中国科技大学，就读于最喜欢的地球与空间物理系。那个时候，考上大学就意味着有了铁饭碗，毕业生如果不出国，大都会被安排到很好的单位工作。但是，邓中翰并没有因此而懈怠，他走在了通往科学殿堂的路上。

他曾回忆道："胡老师（胡友秋教授）教我们电磁学的课程。有一次，我觉得他没有讲透彻，有可探讨的地方。于是，我就把我的想法整理成文稿寄给他。他不但没有生气，还觉得我写得很好，并鼓励我多搞科研，自己主动钻研些课题。"

1992 年，邓中翰本科毕业时，他已经拿下了素有国内大学生科技创新"奥林匹克"之称的"挑战杯"二等奖，并在国际、国内权威科学报刊上发表了三篇文章。也就是此时，23 岁的邓中翰凭借优异成绩考取了美国加州大学伯克利分校，攻读物理学。

伯克利大学云集着全世界最聪明的一群人。置身其中的邓中翰除了感受到一份荣耀，更多的是从内心升腾出一种探索未知的紧迫感。而就在他认为物理学将是圆自己科学家之梦的最终途径时，硅谷神话和信息化大潮让他对计算机也产生了浓厚兴趣。经过争取，邓中翰获得了攻读电子工程专业的机会。

同时读着两个专业，邓中翰每天忙得不亦乐乎。就在这种情况下，他又因为一次出差经历，给自己增加了新的挑战目标。

"有一次我和导师到日本出差作报告，因为签证出了点小问题，在日本多滞留了几天。日本琳琅满目的商业环境，让我突然感觉进入了另外一个世界。这给了我很大触动。我感觉此前好像一直处在一个封闭的隧道中，前面有一道光，一直在往前走，痴迷于探索一些奥秘，但是所探索的一切与周边都没有太大的关系，距离现实社会很远，而社会就在身边，我看见它却不懂它。因此，我突然对整个社会怎么运作、经济怎么运行产生了兴趣，我决定攻读经济管理学。毕业后要走科技创业的道路。"

这样下来，邓中翰同时攻读三个专业的课程，而且是硕士生、博士生的课程，这里又是伯克利，一天只有 24 小时——这么多难题，邓中翰是怎么破解的？

据他本人回忆，没有特殊情况时，每天晚上是 11 点从博士办公室回到宿舍，躺在床上就开始看研究生专业的书，一般都要学到凌晨两三点，有时甚至学到凌晨 4 点，然后早上 7 点多钟又起床去上课，另外还要去工作……

对于这样一段经历，邓中翰自己总结说："回顾我的学生时代，我觉得科学家的梦想、强烈的求知欲、勤奋以及独立思考为我提供了奋斗的原动力，帮助我克服了学习中的困难，并坚持下去，也为将来打下了一个比较良好的基础。"

伯克利分校的学习结束时，邓中翰拿到了电子工程学博士、经济管理学硕士和物理学硕士三个学位，是该校建校 130 年来第一位横跨理、工、商三学科的学生。

邓中翰毕业后的第一份工作是在美国 Sun 公司参与 UltraSPARC 中央处理器工程。后来又进入 IBM 公司华生研究中心工作。在 IBM，他才发现："我没有想到一个企业的实验室也可以像国家实验室一样组织结构复杂，运行机制缜密。"这之后，他利用硅谷的风险投资基金，建立起自己的第一个公司——集成电路公司 Pixim，并在很短时间内将公司市值做到了 1.5 亿美元。所有这一切都发生在他 30 岁以前。

30 岁时，邓中翰的人生出现了一个不平凡的画面定格——那年正值新中国成立 50 周年大庆，他受邀登上天安门广场观礼台，看到了伟大祖国多年来现代化建设的成果。那一刻，他心潮澎湃："多年受国家的培养，也是国家的改革开放政策给了自己出国学习和发展的机会，可是我还没有为国家贡献什么。现在国家把我当成一个留学青年代表，给予这么高的礼遇，让我站在观礼台上，我心里有一种惭愧。"也是从那时起，邓中翰立下誓言要把祖国的芯片产业推动起来。

1999年10月14日，也就是参加国庆观礼后不到半个月的时间，邓中翰的人生走到了一个新的高点：中星微电子公司在北京中关村的一间仓库里正式诞生了。

接下来的发展就比较顺利了：2001年，邓中翰和他的团队推出中国第一枚拥有自主知识产权的百万门级超大规模专用芯片"星光一号"；紧接着，星光二号、三号、四号、五号相继问世；2005年，"星光中国芯"大放异彩，荣获2004年度国家科学技术进步一等奖，同时中星微电子公司也在美国纳斯达克成功上市，而邓中翰本人则先后获得了"全国劳动模范""中国青年五四奖章"等称号，2006年又获评"中国十大杰出青年"。

40岁时，邓中翰当选为中国工程院最年轻的院士。这一路走来，他感谢自己作了正确的选择："如果我在硅谷，再做十年芯片还是美国的；回到国内，我们做得好，几亿芯片都是我们中国的。我们申请了2300多项专利，八大核心技术，过亿枚的销量，在PC图像输入多媒体芯片、移动数字多媒体芯片这两大重要应用领域全球领先，建立安全监控国家标准……这都是中国的，不是美国的。这也是我们的团队在这么多年来努力的一个梦想，我们对国家的信息化振兴和腾飞作出自己的贡献和努力，让'中国芯'在世界的星空下闪闪发光。"

【精神榜样】

邓中翰无论是在求学路上，还是在事业发展中，都将自己与祖国的芯片发展事业紧密结合，将自己学到的科学知识运用到社会、奉献给祖国。在他的身上，我们可以感受到强烈的拼搏进取精神，敢于建功立业的挑战精神，这些精神对于我们青少年的成长有着非常积极的意义。同学们也应该向邓中翰学习，与祖国共同奋进！

柔美女子的钢铁人生

【模范人生】

李依依，女，祖籍苏州，1933 年生于北京。1953 年，20 岁的李依依从北京师大附中毕业，面临报考大学志愿的选择。那时的新中国正处于社会主义建设恢复发展时期。正值青春年华的李依依受到强烈的感染，她很浪漫地认为男同志能做到的事情，女同志也照样能做到，向往着能像男同志一样从事艰苦的工作，为国家的繁荣昌盛作出一份贡献。于是她以第一志愿考入北京钢铁学院（今北京科技大学）冶金系。

李依依大学毕业后，带着青春的梦想，与男友柯伟一同被分配到东北，柯伟停留在沈阳金属所，她独自一人来到了本溪钢铁公司一铁厂，开始从事连男子汉们都认为是最脏、最累，然而也是最壮丽的高炉冶炼工作。也许，这正是 50 年代知识青年视为光荣与自豪的共同选择：到艰苦的地方去，到祖国最需要的地方去。

经过几个月锻炼，1958 年 9 月的一天，领导正式宣布，任命李依依为青年炉工长。在我国的高炉史上，她成为第一代高炉女工长。第一天上任，她面对那高大的吐着火焰的铁炉真有点打怵。平时上岗都是跟着干，今天要自己独自指挥眼前这群壮小伙子炼铁……不服输的要强性格使她扯了扯安全帽镇定地指挥起来。

可李依依毕竟是刚出校门不久的青年学生，缺乏丰富的生产实践经验，在她担任工长的头几天，由于对炉子的冷判断不准，连着出了两炉号外铁，这时领导没有责备她，而是鼓励她要勇敢面对挫折和困难，并帮助她分析查找原因。老师傅把她当作自己的孩子，炉上的伙伴视她为姐妹,大家都真诚地关心和爱护这位从北京来的姑娘。天冷的时候,怕她冻着;活儿重的时候怕她累着。

李依依在领导的信任与鼓励、大家的理解与关怀下,决心要当好这个工长。她遇到问题虚心向工人师傅请教,在工作中注重把学过的理论知识与生产实践相结合,她终于以勇敢真诚和吃苦好学的精神赢得了胜利。一炉又一炉红光耀眼的铁水在她与伙伴的面前流过,汗水被铁水映得火红晶莹地挂在李依依的脸上,她欣慰地笑了。

当时为了多炼铁、几天几夜不离炉,几天几夜不睡觉对于"一号青年"高炉来说是常有的事。累了大家就在被铁水映红的炉前值班室靠着休息一会儿,有时候为了让大家尽快消除疲劳,李依依就为工人们读报、朗诵诗歌和唱歌。她自己实在坚持不住就趴在桌上打个盹儿,稍休息一会儿便又跑前跑后忙碌起来。

在那段日子里,"一号青年"高炉炼铁利用系数连续保持全国领先地位,被团中央命名为"青年红旗炉"。与此同时《人民日报》《苏联妇女杂志》都相继报道了女工长李依依的事迹。

如今,已是院士的李依依,提起那段艰苦的岁月,依旧无怨无悔、充满留恋自豪之情,她至今认为那一段经历对她今天的工作有很大的帮助。

1960年,由于工作的需要,李依依带着充实的理论知识和丰富的实践经验,离开了火红的高炉。在中国科学院金属研究所,这个知识与智慧的海洋里,李依依以她非凡的勇气、毅力和智慧,又一次脱颖而出。

她在应用基础理论、实验方法、工程材料研究等领域,都颇有建树,许多新颖学术观点以及重要的创新在国内外产生了深刻影响。是她率先提出高压气相热充氢技术路线,创建了崭新的国内低温及高压抗氢材料研究体系;她在金属中氢的扩散与渗透行为、在微量重力条件下合金相变行为、在系列新钢种的攻关等项研究中作出了系统的、创造性的科学成就,为我国低温抗氢材料研究跻身世界行列作出了重大贡献。

李依依在人生的黄金时期最大限度地释放着能量,她在三个"五年计划"期间，组织进行了三次国家重点项目的攻关，研制出三个新钢种，迈上三个新台阶。"六五"期间，她研制了"高强度抗氢钢"；"七五"期间、她攻克了国防急需的"高强度抗氢脆钢"；"八五"期间，她又承担了沉淀强化抗氢合金攻关的项目。

在攻克"高强度抗氢钢"的日子里，她已担任了副所长，每天忙得不可开交，可她心系国防急需，夜以继日地工作，硬是攻下了这个难关。

"子规夜半犹啼血，不信东风唤不回。"李依依是领导，更是一位尽职尽责的科学家，她参加过高温合金、低温钢、抗氢钢等新型材料的研究工作，多次承担了国家重要科技攻关任务。几十年来，以她的才智、拼搏换来硕果累累……共研制成功9种新钢种，共获得中科院科技进步一等奖、国家科技进步二等奖、全国科学大会奖、国防科委及国家自然科学三等奖等11项，获国家专利2项。1983年后，在国内外发表论文及报告90余篇，其中英文论文40篇。培养博士、硕士研究生20余名。先后14次出席美、欧、日召开的国际学术会议，8次担任分会主席并作邀请报告，成为国际知名的中国低温、高压氢材料研究的专家。美国的一份世界有名望的《科学》杂志，1995年11月刊登了"中国之科学"专集，其中特别提到在沈阳有一个"由一名中国杰出的女科学家领导的金属研究所"。

1990年，57岁的李依依担任了中科院金属所所长，成为中科院少数的几位女所长之一。她深感肩上担子的分量，然而知能谋、力能任的李依依心中早已描绘出一幅宏伟蓝图……把金属所发展成为国际一流水平的材料科学与工程研究试验基地。在她的精心组织和全所职工的齐心努力下，这幅画卷已经染上绚丽的色彩。

【精神榜样】

李依依，一个柔弱的女子，却担当起最苦最累的钢铁事业，这种巾帼不让须眉的气概令人感佩。在科研道路上，她披荆斩棘，不断攻克各类难关，为祖国和人民换来了累累硕果。如果问，为什么李依依能够做到这些？能够将自己的青春和人生全部投入到这项事业里而艰苦奋斗？因为信仰！因为将自己奉献于祖国建设事业的崇高理想！理想，犹如灯塔，它能激发人释放出巨大的动力，释放出难以想象的耐力。因此，"立志""奋斗"应该成为青少年们人生中的第一堂课。

 **"两弹一星"的元勋**

【模范人生】

钱三强于 1913 年 10 月 16 日出生于浙江绍兴，是新文化运动时期著名语言文字学家钱玄同之子。1929 年，钱三强考入北京大学理科预科，1932 年考入清华大学物理系。1936 年毕业后，进入北平研究院物理研究所工作，不久又考上了公费留法研究生。

1937 年夏，钱三强来到了声名显赫的巴黎大学镭学研究所居里实验室。这时，玛丽·居里夫人已经去世，实验室的工作由她的女儿伊莱娜·居里和女婿约里奥·居里主持，他们正在向刚刚发展起来的前沿科学——原子核物理进军。钱三强有幸成为伊莱娜的弟子，他的博士学业被安排在居里研究室和法兰西学院原子核化学实验室同时进行。他勤奋好学，将整个身心都融入原子世界，于 1940 年获得法国国家博士学位。此后，法国遭法西斯德国进攻沦陷，太平洋航线中断，钱三强未能如愿返回祖国，继续在巴黎的两家实验室从事原子核物理和放射化学的研究，并于 1944 年出任法国国家科学研究中心研究员。利用优越的科研条件，他与外国科学家合作，在量子力学等领域进行深入研究，取得重要进展。他与同班同学何泽慧（后来成为妻子）及两个法国研究生一起，发现原子核在中子的打击下不仅可以一分为二，而且可以分裂为三乃至四（即三分裂、四分裂）。这项研究成果在 1947 年经约里奥·居里系统公布后，引起巨大的轰动，被认为是"二战"后居里实验室和法兰西学院原子核化学实验室第一个重要成果。由于成就突出，钱三强获得了法国国家科学院优厚的德巴微物理学奖金，还被提升为该院研究中心的研究导师。这在中国留法学者中，也只有钱三强一人获得这样重要的学术职位。

然而，令人羡慕的职位和丰厚的待遇，并不能减轻钱三强对祖国的思念，他执意要回中国施展抱负。1948年4月，钱三强来到导师家中告别。伊莱娜以镭相送，并告诉了相关的保密数据，以备将来之需。面对凝聚着他们半生心血和汗水的如此厚礼，钱三强不禁动容了。

两个月后，钱三强夫妇携刚满半岁的女儿回到祖国，出任清华大学教授，同时负责组建北平研究院原子学研究所。

新中国成立后，钱三强积极参加中国科学院的组建和调整，曾先后主持中科院计划局和近代物理研究所的工作。1955年，中共中央作出研制原子弹的战略决定后，钱三强担任了原子能研究所所长、第二机械工业部副部长，全身心投入到原子能事业的领导和统筹工作中。他和原子能研究所副所长王淦昌、彭恒武等一起，自力更生，艰苦创业，并提出了发展我国核科学的第一个"五年"计划。他还想方设法吸引海内外人才，仅仅几年时间，就有一大批有学术造诣和奉献精神的核科学技术专家从西方、东欧和国内各大学研究单位来到原子能研究所，使它成为我国第一个综合性的核科学技术研究基地。

1959年6月，苏联单方面终止与中国的核合作研究并撤走全部专家。次年，毛主席号召中国人民，"自己动手，从头做起，准备用8年时间拿出自己的原子弹！"作为新中国研制核武器的主要组织者，钱三强为了国家的全局利益，甘心无私奉献，完全放弃了个人在科研上继续有所成就的想法。他所考虑的，就是如何"调兵遣将"，将最好的科学家放在最重要、最能发挥作用的岗位上。他以敏锐的目光，运筹帷幄，调王淦昌、彭恒武和郭永怀到核武器研究院任副院长兼第二、第四和第三技术委员会主任——他们后来都成为研制"两弹"的带头人；将邓稼先推荐到核武器研究院担任领导工作——我国先后进行的30多次核试验中有一半都是他担任现场指挥的……人员配置妥当后，钱三强便开始了解研制情况，掌握工程进度，组织技术攻关。1964年和1967年，我国原子弹、氢弹先后爆炸成功。

【精神榜样】

钱三强的一生，是为祖国、为民族的利益而奋斗不已的一生，是为祖国、为人民的科学事业而鞠躬尽瘁的人生，这是真正有意义的人生，这是真正杰出的人生！钱三强的人生追求和为科学事业献身的精神，将永远激励国人、激励青少年学生自强不息、勇于赶超世界先进水平；钱三强那不断探索的执着精神，将永远激励青少年发愤图强，为祖国、为民族的发展贡献力量。

 中国核武器奠基人

【模范人生】

邓稼先出生于安徽省怀宁县一个书香门第之家，祖父是清代著名书法家和篆刻家，父亲邓以蛰是我国著名的美学家和美术史家，曾担任清华大学、北京大学哲学教授。1925年，母亲带他来到北京，与父亲生活在一起。他5岁入小学，在父亲的指点下打下了很好的中西文化基础。1935年，他考入崇德中学，与比他高两班且是清华大学院内邻居的杨振宁结为最好的朋友。1945年自昆明西南联合大学毕业。1948年到1950年赴美国普渡大学读理论物理！

他从青少年时代就有了科技强国的夙愿，将个人的事业与民族的兴亡紧密相连。

邓稼先在校园中深受爱国救亡运动的影响，"七七"事变后，全家滞留北京，他秘密参加抗日聚会。在父亲的安排下，16岁的邓稼先随大姐去了大后方，在四川江津读完高中，并于1941年考入西南联合大学物理系，受业于王竹溪、郑华炽等著名教授。抗日战争胜利时，他拿到了毕业证书，在昆明参加了中国共产党的外围组织"民青"，投身于争取民主、反对国民党独裁统治的斗争。翌年，他回到北平，受聘担任了北京大学物理系助教，并在学生运动中担任了北京大学教职工联合会主席。

抱着学更多的本领以建设新中国之志，他于1947年通过了赴美研究生考试，于翌年秋进入美国印第安纳州的普渡大学研究生院。由于他学习成绩突出，不足两年便读满学分，并通过博士论文答辩。此时他只有26岁，人称"娃娃博士"。

　　1950 年 8 月，邓稼先在美国获得博士学位 9 天后，便谢绝了恩师和同校好友的挽留，放弃了在美国优越的生活和工作条件，毅然决定回到一穷二白的祖国。同年 10 月，邓稼先来到中国科学院近代物理研究所任研究员。在北京外事部门的招待会上，有人问他带了什么回来。他说："带了几双眼下中国还不能生产的尼龙袜子送给父亲，还带了一脑袋关于原子核的知识。"此后的 8 年间，他进行了中国原子核理论的研究。1953 年，他与许鹿希结婚，许鹿希是"五四运动"重要学生领袖、是后来担任全国人大常委会副委员长的许德珩的长女。1956 年，邓稼先加入了中国共产党。

　　1958 年秋，二机部副部长钱三强找到邓稼先，说"国家要放一个'大炮仗'"，征询他是否愿意参加这项必须严格保密的工作。邓稼先义无反顾地同意，回家对妻子只说自己"要调动工作"，不能再照顾家和孩子，通信也困难。从小受爱国思想熏陶的妻子明白，丈夫肯定是从事对国家有重大意义的工作，表示坚决支持。从此，邓稼先的名字便在刊物和对外联络中消失，他的身影只出现在严密警卫的深院和大漠戈壁。

　　邓稼先就任二机部第九研究所理论部主任后，先挑选了一批大学生，准备有关俄文资料和原子弹模型。1959 年 6 月，苏联政府终止了原有协议，中共中央下决心自己动手，搞出原子弹和人造卫星。邓稼先担任了原子弹的理论设计负责人后，部署同事们分头研究计算，自己也带头攻关。在遇到一个苏联专家留下的核爆大气压的数字时，邓稼先在周光召的帮助下以严谨的计算推翻了原有结论，从而解决了关系中国原子弹试验成败的关键性难题。数学家华罗庚后来称，这是"集世界数学难题之大成"的成果。

　　中国研制原子弹正值三年困难时期，尖端领域的科研人员虽有较高的粮食定量，却因缺乏油水仍经常饥肠响如鼓。邓稼先从岳父那里能多少得到一点粮票的支援，却都用来买饼干之类，在工作紧张时与同事们分享。就是在这样艰苦的条件下，他们日夜加班。

　　邓稼先不仅在秘密科研院所里费尽心血，还经常到飞沙走石的戈壁试验场。他冒着酷暑严寒，在试验场度过了整整 8 年的单身汉生活，有 15 次在现场领导核试验，从而掌握了大量的第一手材料。1964 年 10 月，中国成功爆炸的第一颗原子弹，就是由他最后签字确定了设计方案。他还率领研究人员在试验后迅速进入爆炸现场采样，以证实效果。之后，他又同于敏等人投入到了对氢弹的研究。按照"邓—于方案"，最后终于制成了氢弹，并于原子弹爆炸后的两年零八个月试验成功。这同法国用 8 年、美国用 7 年、苏联用 10 年的时间相比，创造了世界上最快的速度。

1972 年，邓稼先担任核武器研究院副院长，1979 年又任院长。1984 年，他在大漠深处指挥中国第二代新式核武器试验成功。翌年，他的癌细胞扩散已无法挽救，他在国庆节提出的要求就是去看看天安门。1986 年 7 月 16 日，国务院授予他全国五一劳动奖章。同年 7 月 29 日，邓稼先去世。他临终前留下的话仍是如何在尖端武器方面努力，并叮咛："不要让人家把我们落得太远……"

【精神榜样】

"鞠躬尽瘁，死而后已"，正好准确地描述了邓稼先的一生。人的生命只有一次，新世纪的青少年担负着新的历史任务。"忆往昔，岁月峥嵘，江河涛涛。"一代又一代的中国青年为了祖国的发展，披荆斩棘。"看今朝，日新月异，江河翻腾"，我们只有努力学习、努力奋斗，才能为祖国现代化事业作出自己的贡献。

生命不息，奋斗不止

【模范人生】

竺可桢于 1890 年出生在东关镇一个普通家庭里。他的大哥是一位从事语文教学的秀才。在家庭的影响下，他从小就在私塾里读书，学习十分勤苦。中学阶段，读书于上海澄衷学堂和复旦公学，后到唐山路矿学堂读书。由于他学习努力，成绩卓著，五次考试都名列全班第一。1910 年，他以优异的成绩考取了公费留学生，赴美国伊利诺斯大学学习农学。后又转入哈佛大学地学系专攻气象。哈佛大学求实崇新、自由探讨的学风，给他深刻影响。1918 年，他以台风研究的优秀论文获得了博士学位，时年 28 岁。

竺可桢出国，是作为第二批利用"庚款"赴美留学的 70 名公费生之一。在旧中国内战频繁的条件下，这批学生回国后大多经商，或投奔军阀，只有竺可桢等少数人坚持"科学救国"的艰难道路。他起初抱着不问政治的态度投身科研。国民党统治下的黑暗现实，尤其是特务横行，从反面教育了他。任浙大校长期间，他便以爱国科学家的正义和良知站出来坚决斗争，以致国民党政府教育部在公函中曾申斥他"包容奸伪匪谋学生之一切非法活动于不闻不问"。通过新旧中国的对比，竺可桢相信：只有跟着共产党走，才能实现自己的理想抱负。这也是当年许多爱国科学家的共同感受。

他怀着"科学救国"的理想，回到了祖国，先后执教于武昌高等师范学校和南京高等师范学校。1920 年，他受聘担任南京高师地学教授，次年，学校改称东南大学，在竺可桢的主持下，建立了地学系，下设地理、气象、地质、矿物四个专业，并新任系主任。这是我国高校建立地学系之始。1927 年，学校又改名中央大学。在此期间，他一面担任地理系主任，主持日常行政工作；一面教授地学通论、气候学、气象学等课程，培养了我国第一批气象学和地理学研究及教育人才。张宝堃、吕炯、黄厦千、沈孝凰、胡焕庸等，都是这个时期培养出来的优秀学者。他还积极参加中国科学社，做了大量宣传工作。

在东南大学任教期间，他积极筹建校南农场气象测候所。1922 年，他主持购买了各种仪器设备，定期观测温度、湿度、气压、雨量、日照等项目。逐月发行南京气候报告。这是我国自建和创办气象事业的起点和标志。

1927 年，北伐胜利，政府筹建中央研究院，下设观象台筹备委员会，分设天文、气象两研究所，担任中国气象学会副会长的竺可桢，又被任命为气象研究所所长。这时的气象研究所，既是全国的气象学术研究单位，又是领导全国气象事业建设的国家机构。竺可桢白手起家，克服了重重困难，努力发展我国气象事业，他首先领导了中国气象台站网的建设，提出了《全国设立气象测候所计划书》计划在 10 年的时间内，全国建立气台 10 处，测候所 150 处，雨量测候所 1000 处。在气象所成立的当年，就首先建成了南京北极阁气象台，这是我国近代气象科学事业的发祥地，也是当时中国气象科学研究中心和业务指导中心。在此期间，还开展了天气预报业务，拟订了《气象观测实施规程》，统一了观测时制、电码型式、风力等级标准、天气现象的编码等，开展了气象资料整编的出版业务。先后出版了《中国之雨量》《中国之温度》《中国气候资料》以及《气象月报》《气象季刊》《气象年报》等。1934 年，他发起成立了中国地理学会。

1936 年 4 月，他担任浙江大学校长，历时 13 年。他以"求是"为校训，明确提出中国的大学，必须培养"合乎今日的需要"的"有用的专门人才"的进步主张，抗日战争爆发后，他团结全校师生，携带图书仪器，先后经浙江建德，江西吉安、泰和，广西宜山等地，于 1939 年年底迁至贵州省遵义和湄潭。在极端艰苦的条件下，他一面组织师生上课，一面以实际行动支援抗战，并为当地群众服务。在民主爱国的学潮中，他始终站在进步学生一面，保护浙大师生的爱国正义行动。办学中，他十分重视学生的入学教育和毕业教育，注意培养学生坚实的基础理论和广博的知识，注重学生的实践训练和智能培养，注重师资队伍的建设。

1949年4月，杭州解放前夕，竺可桢领导浙大师生，积极准备迎接解放。同时电告国民党政府，坚决拒绝迁往台湾。他一个人隐居上海，闭户谢客，迎接解放。解放后，他高兴地出席了全国人民政治协商会议，积极投身新中国的建设。新中国成立后，竺可桢被任命为中国科学院副院长，同时兼任中国科学院生物学地学部主任、综合考察委员会主任、中国地理学会理事长、中国气象学会名誉理事长、全国科学技术协会副主席等职务。还被选为历届人民代表大会代表、人大常委会委员。

作为新中国地学界的组织者和教育家，他倡导建立了许多新的研究机构，并培养了大批地学骨干力量。强调地理学一定要摆脱单纯描述，用最新的科学成果和仪器设备，进行定位观测，建立实验室，采用现代化的工作方法，综合运用生物、物理、化学、数学等基础科学方面最新的理论来进行研究论证。

竺可桢于1956年领导创建了中国科学院综合考察委员会，并一直兼任主任职务。他多次指出：要合理开发自然资源，发展国民经济，必须进行大规模的综合考察工作。综合考察应为国家和地方编制国民经济计划提供科学依据。其任务首先是调查自然条件和自然资源的基本特征与数量、质量，并在此基础上提出自然资源开发利用与治理保护的科学方案。早在解放初期，他就急国家之所急，积极投身于海南岛、雷州半岛和广西南部以发展橡胶为目的的地理调查研究工作。1951年又组织筹建了西藏工作队。为治理黄河，他组织了黄河中游水土保持综合考察队。此后，中科院专门成立了综合考察委员会，组织开展了四项重大考察任务。其一是西藏高原和康滇横断山区研究；其二是新疆、青海、甘肃、内蒙古地区的考察研究；其三是热带地区特种生物资源的研究；其四是主要河流水利资源的考察研究。在他的支持下，仅1956—1957年两年间，就先后建立了6个综合考察队。它们是：黑龙江综合考察队，新疆综合考察队，华南与云南热带生物资源综合考察队、长江、黄河流域土壤考察队、柴达木盐湖科学考察队等；此外，还组织了治沙考察队、南水北调考察队等。到他去世时为止，在他的领导下，中科院先后组织了25个规模不同的综合考察队，参加工作的达100多个单位，1万多人次。积累了大批珍贵资料，取得了丰硕科研成果。

作为卓越地理学家和地理教育家的竺可桢，不仅创建了我国最早的地理系，培养了一大批地理科学专门人才，而且在许多地理学重大领域和重大问题上，提出了创造性意见。他认为：地理学是经济建设事业中的基础科学，是研究现代地面环境的科学。因而应着重研究现代地表面的岩石圈、水圈、气圈与人类的相互作用，研究地球外壳结构及其组成部分的发生、发展、分布和各组成部分之间相互制约、相互转换的科学。我国的地理学，正是沿着这一方向健康发展的，在地理学研究方法方面，他十分重视地域分异规律的研究，早在1929年他就发表了《中国气候区域论》，开创了这方面研究的先例。1958年，他发表了《中国亚热带》一文，指出：不应将热带北界移至南岭，也不应将华北各地、东北南部和新疆南部都划归亚热带。他说：亚热带的气候可以这样规定：即冬日微寒，足使喜热的热带作物不能良好生长。每年冬季，虽有冰雪，但无霜期在八个月以上。作物一年可以有两造收获。他不仅提出了划分的标准，同时明确指出了亚热带的北界和南界，他的见解也得到了学术界的公认。

【精神榜样】

纵观竺可桢一生的轨迹，我们可以看到他对国家的一颗赤子之心。竺可桢不仅将自己的全部精力都投入到了地理科学研究事业中，也为培养祖国的下一代奋斗不已。他曾经说："国家给你们的使命，就是希望你们每个人学成，以其将来能在社会服务，做各界的领袖分子，使我们国家能建设起来成为世界第一等强国，日本或是旁的国家再也不敢侵略我们。诸位，你们不要自暴自弃说负不起这样的重任。"同学们，应该予以铭记。

 中国杂交水稻之父

【模范人生】

袁隆平1930年生于北京，汉族，江西德安县人，无党派人士，现居湖南长沙。中国杂交水稻育种专家，杂交水稻之父，中国工程院院士。"知识＋汗水＋机遇＋灵感＝成功"是袁隆平一生的缩写。

机遇只偏爱有准备的头脑。从一棵天然杂交稻开始，袁隆平开创了水稻育种的新历史。作为"杂交水稻之父"，他是中国的英雄，也是有着世界性贡献的杰出科学家，他获得的一系列国际奖励可资证明。若回答"下个世纪谁来养活中国人"，没有哪位科学家比袁隆平更有资格了。

"从1953年到1966年，我在农校一边教课，一边做育种研究，每年都去农田选种。从野外选出表现优异的植株，找回种子播种，看它第二年的表现，以此来筛选具有稳定遗传优异性状的品种，这称为系统选育法，是常用的一种方法。1962年，我在一块田里发现一株稻鹤立鸡群，穗特别大，且结实饱满、整齐一致，我是有心人，没有放过它。第二年我把它种下去，辛苦培育，满怀希望有好的收获，不料大失所望，再长出来的稻子高的高、矮的矮，穗子大小不一。这时候一般人感到失败就放弃了，我坐在田埂上想为什么失败了呢，我想到第一年选出的是一棵天然杂交种，不是纯种，因此第二年遗传性状出现分离，而如果按照那棵原始株杂交种的产量来计算，亩产能达到1200斤，这在60年代是非常了不起的——我突发灵感，既然水稻有杂交优势，我为什么非要选育纯种呢？从此我致力于杂交水稻育种。"

谁能够想象到，一个关系着13亿中国人吃饭问题的伟大的探索与

成功，就这样由袁隆平的一个意念而开始并最终诞生了。

为了杂交水稻，袁隆平几乎奉献了自己的一切，知识、汗水、灵感、心血，没有什么不是为了那梦寐以求的杂交水稻。在研究的初期阶段，为了获得一株必需的水稻天然雄性不育株，他和新婚妻子一起，在1964年到1965年连续两年的酷暑季节顶着烈日大海捞针般地寻觅在安江农校实习农场和附近生产队的稻田里，在前后共检查了4个常规水稻品种的14000多个稻穗后，终于找到了6株雄性不育的植株。

身体的劳累还在其次，学术界权威的质疑与反对，使袁隆平承受着巨大的舆论压力。当时学术界流行的经典遗传学观点认为，水稻是自花授粉作物，经过长期的自然选择和人工选择，许多不良的因子已经被淘汰，积累下来的多是优良的因子，所以自交不会退化，杂交也不会产生优势，从而断言搞杂交水稻没有前途，甚至说研究杂交水稻是"对遗传学的无知"。然而无论是科学道路上的挫折、失败，还是人为的干扰、破坏，所有的磨难都无法动摇袁隆平执着的梦想。他坚信实践才是真正的权威，火热的生命加上知识的力量能够改变一切。

1966年，经过两个春秋的艰苦试验，对水稻雄性不育株有了较多的感性认识后，袁隆平把获得的科学数据进行理性的分析整理，撰写出首篇重要论文——《水稻的雄性不孕性》在中国科学院出版的权威杂志《科学通讯》第4期发表。这篇论文的发表，标志着在国内开了杂交水稻研究的先河，这不仅是一个普通意义上的水稻育种课题的启动，而且开创了一个划时代的崭新的研究领域。在随后的30多年间，他在杂交水稻这个领域始终保持着世界领先地位，他的研究成果一个接一个，他创造的杂交水稻神话也一个接一个。从1976年至1999年，我国累计推广种植杂交水稻35亿亩，增产稻谷3500亿公斤，相当于解决了3500万人口的吃饭问题，确保了我国以仅占世界7%的耕地，养活了占世界22%的人口。

袁隆平用知识在中国古老的土地上，圆了华夏民族几千年都在渴盼的梦想，写下了一个震惊世界的神话。

【精神榜样】

　　袁隆平院士认为，成功的要诀在于"知识、汗水、灵感、机遇"，"我从没后悔，我这个人有点痴，认准的一定要走到底"，袁隆平一直这样说，也一直这样做。他凭借惊人的毅力，在挫折面前毫不退缩的勇气，对未知世界的探索的求知欲望，不惧风吹雨淋，奋斗不已，终于实现了自己的梦想。

奋斗，是我人生的坐标

【模范人生】

2004 年，在瑞典乌普萨拉市召开的第五届国际转基因科技大会上，周琪——时年 34 岁的中国科学院动物研究所研究员，因首次成功克隆大鼠而荣获第三届吉诺威（Genoway）转基因科技奖。

1987 年，年仅 17 岁的周琪考入了东北农业大学生物学系，因为高考试题的一句话——"生命科学是 21 世纪最具潜力的四大技术之一"，周琪决定把生命科学研究作为自己为之奋斗终生的理想。1996 年，周琪获得东北农业大学博士学位并在中国动物克隆研究的圣地——"中国科学院发育生物学研究所"度过两年博士后生涯之后于 1999 年赴法国国立农艺研究中心分子发育生物学部从事研究工作。2000 年 5 月 3 日，当时年仅 30 岁的周琪率领中法科学家成功培育出了第一只"胚胎干细胞克隆小鼠"。然而一年后，克隆小鼠死于免疫系统病变。这次打击让周琪对克隆技术有了更深的认识，进一步激发了他研究克隆动物的决心。2002 年，周琪再一次领军中法科学家，发明了能够精确控制大鼠卵细胞自发活化的专利技术，利用药物控制的方法，将大鼠卵子细胞的发育过程人为变慢，在世界上首次获得了克隆大鼠，这项成果发表在 2003 年 9 月 25 日出版的世界权威杂志 Science 上。

啮齿类动物的生理特征在很多方面特别接近于人类，因此被称为是研究人类疾病最理想的动物模型，在模拟人类疾病方面是非常优秀的实验动物。但由于大鼠的卵子细胞在体外发育很快，很容易老化，克隆大鼠一直是个世界难题。而周琪克隆大鼠的成功，为建立人类疾病的动物模型、相关药物的研制和检测提供了有效手段。

　　面对荣誉周琪却选择了回到祖国组建实验室继续自己的研究。周琪说："我回来只是想踏踏实实为国家做点事情。""回国之后，贡献应该更直接一些吧，看着实验室从无到有，科研工作一点点展开，看着学生一点点进步，看着克隆小鼠像生产线上的产品一样不断出生，那种为自己的国家做点事的心情不是其他别的东西能比的。"

　　"奋斗，是我人生的坐标"，克隆大鼠的成功并没有让周琪止步，他的下一步计划是克隆人体器官。"如果成功的话，那将为医学领域带来新的突破，给祖国人民和世界人民造福。"周琪用自己的青春和热血为我国的科研事业贡献着力量。

【精神榜样】

　　伟大人物对使命的热情可以谱写历史，一个人对事业的热情则可以改变自己的人生。在事业中投入自己最大的热情，能够让你笑看一切困难、享受事业带来的乐趣，而你也会随事业发展而不断得到成长。那些慵懒怠惰、态度上不积极的人只看到了客观条件对自己的约束，却没有想到改变自己。他们只相信运气、机缘、天命之类的东西。实际上，成就卓越者的最大因素就是他们对待人生与事业的态度，在于是否把自己全部的力量都投入到自己的理想与追求中。

让科幻小说成为现实

【模范人生】

　　潘建伟是中国科技大学教授，博士生导师，"中科院引进国外杰出人才"，教育部"长江学者"。潘建伟1987年考入中国科学技术大学并且取得了理论物理学学士和硕士学位。1996年，他来到奥地利维也纳大学攻读博士学位，由于其出色的研究能力在博士毕业后被学校直接聘为研究员。在国外学习期间，潘建伟不断地获取量子信息前沿领域的最新知识，并且他敏锐地洞察到这一学科未来良好的发展趋势，便开始在这一方面开拓自己的研究事业。

　　回到中国科大后，潘建伟于2001年在中国科技大学负责组建了量子物理和量子信息实验室，组员都是和他一样年轻一样有着科研梦想的青年学者。在短短几年里，这个人数不多的实验室在世界顶级学术刊物发表论文36篇，多篇论文被多次引用。

　　潘建伟个人和他领导的实验室在量子信息科学技术领域有着6个原始创新的成果，被称为六个世界首次：首次成功地实现了量子态隐形传送以及纠缠态交换；首次成功实现了三光子、四光子纠缠态，并利用多粒子纠缠态首次成功地实现了GHZ定理的实验验证；首次成功地实现了自由量子态的隐形传送；首次实现了纠缠态纯化以及量子中继器的成功实验；首次取得了五粒子纠缠态的制备与操纵；首次实现了两粒子复合系统量子态隐形传输，并在实验中第一次成功地实现了对六光子纠缠态的操纵。这些成果分别被美国物理学会和欧洲物理学会评为1999年度和2003年度"世界物理学的十大进展"。

　　"他的工作对于一般人来说是难以理解的，不然会感到更强的震撼力。"这是中国科大校长朱清时院士对潘建伟研究的评价，正是他和他的团队所进行的最前沿、最具原创性的基础研究，并且每年都有新的突破，为我国的基础科学理论研究作出了重大贡献，显得弥足珍贵。

2005 年，潘建伟被《现代物理评论》（其影响远高于《自然》）邀请撰写综述性文章，这还是我国实验物理学家在《现代物理评论》上撰写的第一篇文章。要知道只有在该领域享有相当高的声望与权威才能够被邀请在如此权威的学术杂志上撰写综述文章。面对成绩和荣誉潘建伟看得很淡，他说过他的研究就是让科幻小说中的场景成为现实，但他又说："在真正的'星际旅行'到来之前，一切科学研究都必须脚踏实地。"

【精神榜样】

一个人要想不断成长，需要对所从事的工作有坚定的信念。一个信念坚定的人往往也是一个对工作充满无限激情的人，正是因为他心中有坚定的信念，有一个对未来美好的愿景，因此，他会不知不觉地体现在他的满腔热情之中。倘若说激情是一团燃烧的火焰，那么信念必定是那点燃它的火源。因此，信念和热情是超越困难和开创道路的最佳武器，坚持信念不懈奋斗必会成功。

脚踏实地、仰望星空的人

【模范人生】

　　巩庆海是黑龙江省鸡西市人，出生在一个普通的工人家庭。小时候家里生活条件艰苦，这让他较早地意识到了生活的艰辛和不易。当别的孩子还在家长"大棒催促下"才能学习的时候，他已经有了主动学习的自觉。

　　奋斗的动力往往来源于要改变现状。不记得何时起就伴随着他的"知识改变命运"的意识，让他有了朴素的对知识和知识分子的崇拜。

　　1999 年，巩庆海参加高考。也正是这一年，中国驻前南斯拉夫大使馆遭到以美国为首的北约导弹袭击。年轻的巩庆海作出了决定，在高考志愿表中郑重写下哈尔滨工程大学，并选择了有着国防工业背景的探测制导与控制技术专业。

　　白驹过隙，四年大学生活即将过去。在做毕业设计时，巩庆海看到了比他高两级的师兄在实习记录本里写下的誓为航天事业作贡献的心愿。

　　巧合的是，2003 年，这位师兄作为中国运载火箭技术研究院 12 所人力资源处干事到哈尔滨工程大学招聘，巩庆海见到了这位慕名已久的师兄。带着对航天事业的向往，巩庆海报考了中国运载火箭技术研究院 12 所的研究生，并以第一名的成绩被录取，专门研究运载火箭制导系统。

　　研究生第一年是基础课阶段，巩庆海在长沙的国防科技大学学习。期间除了学习，最让他难忘的就是循着毛主席的足迹，去看毛主席"孩儿立志出乡关"的韶山故居以及曾求学的第一师范，"看万山红遍"

的爱晚亭和"指点江山"的橘子洲头，去感受他将个人奋斗与振兴国家的完美契合。在这样的熏陶下，2006年4月，巩庆海正式参加工作，成为一名为祖国航天事业奋斗的"航天人"。

2011年，是我国航天史上不平凡的一年，"天宫一号"目标飞行器和"神舟八号"飞船先后发射升空，圆满完成我国首次交会对接任务。载着它们进行太空之旅的正是巩庆海参与设计的改进型"长征二号F"运载火箭。

"运载火箭只飞短短600秒，这600秒里，火箭要经历从地面穿越九霄的历程，要完成速度的剧变而形成环绕地球轨道。"巩庆海说，"每秒必须准确无误。"

这个过程无法人为干预。工程师能做的，只有在火箭发射前，尽可能地预先考虑到每一个可能出现的情况。跟以往不同的是，此次载人航天中的"载人"决定了运载火箭的技术要比以往的普通火箭更高。"这枚火箭要求入轨精度更加精准。打个比方说，以前要瞄准的是固定靶，这次是运动靶，而且靶标更小。"巩庆海说。

为了圆满完成任务，火箭必须采用迭代制导技术、双惯组冗余控制技术、组合导航技术等更为先进的制导技术，这些都令火箭制导系统的复杂性和设计难度大大提高，一重重困难、一个个考验摆在这个年轻人面前。

面对繁重的工作，巩庆海没有退缩。时间就是制胜的关键。他放弃休息时间，投入到设计和测试的工作中。一次次的尝试、一次次的创新、一次次的验证、一次次的修改……试验室和测试厂的灯光成了他的"侍读"。经常是天蒙蒙亮就开始工作，走出试验室时已经天际昏暗、星辰闪耀。他还因此获得了研究室颁发的"披星戴月奖"。深夜入睡时，巩庆海的脑中像过电影一样地闪过一条条曲线、一个个数据。实际上，从2011年开始，一直到火箭发射结束，巩庆海的神经都是紧绷的，有时候突然意识到某个环节有问题，可能会吓出一身冷汗。

面对压力，巩庆海却很少对自己的家人谈起。他把全部精力都投入到工作中，只有晚上9点半以后往家里打个电话，问候多病的母亲和辛劳的父亲。巨大的压力，变成了巨大的动力和智慧，巩庆海和他的同事们一起潜心学习前人的成果，总结经验，吸取教训，在继承和借鉴的过程中推陈出新，将问题一个个解决。

最终，巩庆海参与研制和攻关的新技术全部得到验证。取得了迭代制导工程应用技术、双惯组单表极冗余管理技术、组合导航技术等关键技术的突破，将运载火箭制导误差减小了50%以上，对干扰和故障的适应性大大增强，并满足交会对接任务在发射前4小时更新目标轨道参数等要求，技术处于国际领先水平。发射"天宫一号"和"神舟八号"均取得了圆满成功，其中发射"神舟八号"时轨道高度误差在10米以内，轨道倾角误差在0.001°以内，成功地验证了迭代制导技术，将运载火箭方法误差减小了一个数量级，实现了我国运载火箭制导技术的大跨越，创造了我国运载火箭入轨精度的新纪录。

【精神榜样】

巩庆海说："我是一名普通的航天人，也是一名光荣的航天人，在不断创造辉煌的中国航天事业面前，我深感骄傲和自豪。"他将祖国的航空航天事业作为自己身心以赴的追求，孜孜不倦，不断攻克难关，不怕吃苦，不达目的不罢休。正是这样的奋斗精神、探索力量支持着他为我国的航天事业作出重要贡献。

第二章

吹尽狂沙始到金

没有条件创造条件也要上

【模范人生】

王进喜，1923年9月出生于甘肃省玉门县赤金村，6岁开始给地主放牛，也曾拉着双目失明的父亲去要饭，15岁时到玉门油矿当童工。1949年，玉门解放后到钻井队工作。王进喜干工作一贯地积极努力，有一种争上游的精神。1958年7月，在全国石油工业现场会上，为了加快玉门油田的建设，王进喜首先提出"（钻井进尺）月上千（米），年上万，玉门关上立标杆"的奋斗目标。同年9月，他带领1205钻井队（当时叫1262钻井队）艰苦奋战，创造了月进尺5009米的最新纪录，还摸索出一整套优质快速打井的经验，为提高钻井速度和质量闯出了新路。1959年，创年钻井进尺7.1万米的全国最新纪录，一年的进尺相当于旧中国42年钻井进尺的总和。那一年，王进喜被评为"全国劳动模范"，光荣地出席了全国群英会，参加了新中国成立10周年大庆的国庆观礼。

在北京，他看到大街上公共汽车的车顶上背个大气包，奇怪地问别人："背那家伙干啥？"人们告诉他："因为没有汽油，烧的是煤气。"这话像锥子一样刺痛了他。王进喜后来说："北京汽车上的煤气包把我压醒了，真真切切地感到国家的压力、民族的压力，呼地一下子都落到了自己肩上。"他曾多次对工友们说："一个人没有血液，心脏就停止跳动。工业没有石油，天上飞的、地上跑的、海上行的，都要瘫痪。没有石油，国家有压力，我们要自觉地替国家承担这个压力，这是我们石油工人的责任啊！"

王进喜决心要为改变落后面貌而拼命干。听说我国东北发现了大庆油田，他心情无比高兴，摩拳擦掌，"恨不得一拳头砸出一口井来"，迫不及待地提出申请参加大庆石油会战。1960 年 3 月，王进喜率领 1205 钻井队从玉门日夜兼程赶奔大庆。到萨尔图以后，王进喜下了火车，一不问吃，二不问住，找到调度室首先问："我们的钻机到了没有？我们的井位在哪里？这里的钻井最高纪录是多少？"

得知井位在马家窑附近，他立即带队步行两个小时来到井场。钻机到了，吊车不够用，几十吨的设备没法从车上卸下来。王进喜说："咱们一刻也不能等，就是人拉肩扛也要把钻机运到井场。有条件要上，没有条件创造条件也要上。"他们用滚杠加撬杠，靠双手和肩膀，奋战 3 天 3 夜，38 米高、22 吨重的井架迎着寒风矗立荒原。这就是会战史上著名的"人拉肩扛运钻机"。

要开钻了，可水管还没有接通。王进喜带领工人硬是用脸盆、水桶，一盆盆、一桶桶地往井场端了 50 吨水。王进喜带领全队以"宁可少活 20 年，拼命也要拿下大油田"的顽强意志和冲天干劲，苦干 5 天 5 夜，打出了大庆第一口喷油井。在随后的 10 个月里，王进喜率领 1205 钻井队和 1202 钻井队，在极端困苦的情况下，克服重重困难，双双达到了年进尺 10 万米的奇迹。

1960 年 4 月 29 日，1205 钻井队准备往第二口井搬家时，王进喜右腿被砸伤，但他仍在井场坚持工作。由于地层压力太大，第二口井打到 700 米时发生了井喷。危急关头，王进喜不顾腿伤，扔掉拐杖，带头跳进泥浆池，用身体搅拌泥浆，最终制服了井喷。房东赵大娘看到王进喜整天领着工人没有白天黑夜地干，饭做好了也不回来吃，感慨地说："你们的王队长可真是个铁人哪！"从此，"铁人"称号传播开来。

1960 年 4 月 29 日，五一万人誓师大会上，王进喜成为大会战树立的第一个典型，成为大会战的一面旗帜。号召一出，群情振奋，战区迅速掀起了"学铁人、做铁人，为会战立功"的热潮。7 月 1 日，会战指挥部召开庆祝建党 39 周年和大会战第一战役总结大会，突出表彰了王进喜、马德仁、段兴枝、薛国邦、朱洪昌，他们被树为大会战的"五面红旗"。一个铁人前面走，千百个铁人跟上来。大会战出现了"前浪滚滚后浪涌，一旗高举万旗红"的喜人局面！

王进喜经常说："我这一辈子就是要干好一件事情：快快地发展我国的石油工业。"为了实现这一终生理想，为了改变我国石油工业落后面貌，王进喜在长达30多年的与艰难困苦的斗争中，吃大苦，耐大劳，积劳成疾，得了严重的胃病和关节炎。但他长期置疾病与个人生死于不顾，顽强地为党工作着，为发展祖国的石油事业日夜操劳，终致身心交瘁，积劳成疾，于1970年患胃癌病逝，年仅47岁。

【精神榜样】

铁人精神内涵丰富，主要包括："为国分忧、为民族争气"的爱国主义精神；"宁可少活20年，拼命也要拿下大油田"的忘我拼搏精神；"有条件要上，没有条件创造条件也要上"的艰苦奋斗精神；"干工作要经得起子孙万代检查""为革命练一身硬功夫、真本事"的科学求实精神；"甘愿为党和人民当一辈子老黄牛"的埋头苦干的奉献精神等。铁人精神无论在过去、现在和将来都有着不朽的价值和永恒的生命力。尤其是在当今时代里，铁人精神尤为可贵，需要我们青少年继续传承和发扬，更需要我们细化到学习与生活中，勇于创新、争创一流。

"采煤大王"李发祥

【模范人生】

"李发祥跟别人就是不一样。矿上有几千人，但一线采煤工能干上十几年的很少，可他却一口气干了将近 20 年，照样干得津津有味。"这是李发祥的老上级对他最普通的描述，话语中却为我们描述了一位兢兢业业，在一线岗位上奋斗成长的劳动者形象。

李发祥是贵州盘江煤电集团公司火铺矿的一名采煤工人，1966 年出生在贵州省织金县一个普通的工人家庭，父亲李龙香也是贵州火铺矿的一位老工人。1986 年，时年 19 岁的李发祥高中毕业，放弃了考大学的机会，来到矿上成为了一名采煤工。

一线采煤工是个重体力活儿，刚刚毕业初到矿上的李发祥看起来异常瘦小，同在矿上工作的亲友想着给他找一个地面上的工作，然而李发祥却拒绝了。他说年轻人就应该到井下锻炼锻炼，可谁能想到李发祥这一"锻炼"就是 20 年！

当初刚下井时，师傅看着瘦小的李发祥担心地说："你这个身板儿，怕是吃不了采煤这个苦啊。"可是李发祥就有这么一股子执拗劲儿，他向师傅保证说："不管多苦多累，我都要把工作干好，绝不给师傅丢脸。"李发祥凭着自己对工作的热情和对师傅的承诺，一边在工作中虚心向师傅学习技术并加以实践，一边又在下工后自学专业书籍，将实践经验和知识相结合，提高了自己的业务水平。在短短一个月后，李发祥已经精通了打柱、挂梁、移溜、回柱等一线采煤的全套工序，实现了从不会到会再到精通的"三级跳"。

下井工作一年以后，李发祥已经可以带徒弟了，而他的师傅也是欣慰地对他说："小李啊，你真行！没给师傅我丢脸啊。以后也要好好干。"李发祥记住了自己对师傅的承诺也记住了师傅对自己的嘱托，20年来兢兢业业，他带出的徒弟一茬又一茬，矿上的人只要看到优秀的年轻人总会问上一句："这人是李发祥的徒弟吧！"

李发祥不仅对待工作认真负责，而且在业务技能上也不断学习、不断进步。矿上实行炮采时，李发祥是公认的"采煤大王"；后来实行综合机械化采煤，李发祥又很快成为公认的"综采能手"。2004年，李发祥所在的采区成立技术创新小组，李发祥凭着自己丰富的实践经验，成为这个小组的骨干成员。李发祥提出的改进井下液压支架的方案，为矿上创造了上百万元的价值。

20年来李发祥每年出勤都在310天以上，2005年更是年出勤率100%。20年来李发祥没有出过一次工伤。20年来李发祥没有一次"三违"——违章作业、违章指挥、违反劳动纪律——记录。李发祥是位名副其实的令人信服的在井下奋斗20年的"采煤大王"。

【精神榜样】

一个人是否能够让自己不断地成长，这完全取决于自己。如果我们仅仅满足于现在的表现，凡事都只做到"差不多"或者"将就"的程度，那我们永远不会有所突破、永远无法做出重要的成绩。李发祥的故事启发我们：在追求进步方面，一定要做到永不懈怠；在知识能力方面，不要满足于一知半解，一定要做到精益求精。

 **让生命在燃烧中闪光**

【模范人生】

谈起自己的成功，已过不惑之年的王学良会有点腼腆，连连说，"只是马马虎虎而已"，连"小有成就"之类的话语都未曾说出口来。他从一个蹲街边、睡地板的穷小子成为今天率领数百号人的工程师、施工队长，从一个地道的巴山农家小伙成为而今的古都西安市首位民工劳模。

作为农民的儿子，王学良不甘于像父辈那样一辈子在农村坚守清贫。1984年，刚刚走出校门的王学良跟随乡亲走出大巴山来到西安开始从事建筑施工劳务工作。勤奋好学的王学良从一名杂工、学徒逐渐成为一名称职的技术工人、施工队长。从1988年起，他独自带队转战于西安市各个建筑施工现场，21年来，他参与了陕西电视塔、秦皇宫、郿景花园、长庆油田基地、西安高新开发区等62个工程项目的施工。他用青春、智慧和汗水为西安的城市建设作出了贡献，让青春在燃烧中绽放出光彩。

2001年5月，西安市建一公司将承建的西高新重点工程，建筑面积达2.1万平方米的高新二中主体施工任务交给了王学良民工队。要在110天内完成2万多平方米的主体施工这一艰巨任务，已经吓跑了多家施工队，可王学良斩钉截铁地表示："请公司领导放心，我们一定保质保量攻下这一堡垒！"话虽然说出去了，可工期紧、要求高，工程结构复杂，施工难度大，确实令王学良和他的同事们把心提到了嗓子眼儿。整整80天，王学良没有睡过一个安稳觉。在浇铸混凝土的关键施工阶段，他曾3次连续48小时在现场指挥施工。在王学良和工友们的艰苦努力下，主体工程奇迹般地比预定工期提前 30 天完工。80 天，王学良整整瘦了 4 公斤。

参与城市建设的经历使王学良深深感悟到：部队打仗要有勇有谋，我们干工程也应有勇有谋，现在，施工队特殊工程、关键岗位操作人员持证上岗率达 100%。2003 年，王学良带领施工队的几名技术骨干组成一支主体工程清水墙模板改进技术攻关小组，经过 20 多天的设计、制作和模拟施工，终于使新的模板施工工艺在施工中应用以后，工程质量一次达优，施工进度大幅度提高，仅此一项，平均每年可为项目部节省材料费、人工费支出 30 多万元。

从 1988 年至今，王学良带领施工队伍承担了 50 多项建设工程的主体施工任务，所有工程均被评为优良，并先后有 20 多项工程分别获得省、市文明工地、"雁塔杯"工程质量奖、省级科技示范工程奖等荣誉。

【精神榜样】

王学良之所以能够在西安建筑界取得骄人的成绩，最根本的就是他一直对自己的工作保有一种充沛的激情，这种激情是催促他一步步从平凡走向辉煌的动力所在。

激情，是一种能把全身的每一个细胞都调动起来的力量。在所有伟大成就的取得过程中，激情是最具有活力的因素。每一项改变人类生活的发明、每一幅精美的书画、每一尊震撼人心的雕塑、每一首伟大的诗篇以及每一部让世人惊叹的小说，无不是激情之人创造出来的奇迹。最好的劳动成果总是由头脑聪明并具有工作激情的人完成的。

 **做好自己应该做的事**

【模范人生】

黄建飞，华尔润400吨/天浮法生产线熔制班长，1986年12月生，广东省最年轻的劳动模范，一张稚气未脱的脸上写满了自信。

他每天早上8时正式上班，但通常会提前半小时就到岗，然后和副班长交接班，在8时之前检查完车间现场的卫生、操作工人的交接班情况以及到岗情况。然后召开班前会，安排当天的工作，"我们是'玻璃成型'岗位，最主要的任务是保证产品成型的质量和人员安全。"他认为一线工人其实就是普通的劳动者，最重要的是"做好自己应该做的事"。

那么什么是应该做的事呢？"领导看重的是你的业务能力、独立操作能力和责任心，像我们这样的岗位，如果出现一点小差错，那会给企业带来巨大的损失。我们公司提倡，要以主人翁意识开展工作，以当家人意识开展工作。"

由于客户的要求，公司生产的玻璃模板要经常改动，有的时候要宽的，有的时候要窄的，每次要改版，黄建飞就要操作很长时间。当了班长以后，他就开始琢磨这个问题，想找一种既简单又省时的方法。他盯着操作台上的显示器，看着玻璃的光边稳定地在显示器上划过，忽然想到，如果在显示器上做个记号，下次改参数的时候不就容易了很多？

这么一个小小的改动，使得每次改版操作比以前节省了20多分钟，换算成金钱大概就是每个月可节省五六万元钱。

班组共有12个人，大家都很年轻，年轻人在一起非常容易碰撞出一些思想的"火花"。"我们12个人吃、住、工作都在一起，上班的时候我们是同事，下了班我们就是哥们儿，我很喜欢他们各有想法，如果我说什么他们都完全同意，我还不高兴呢。""我们的企业文化中有一句话是'墨守成规，一事无成；突破传统，才能进步'，可能正是这样的鼓励和企业氛围，使得我们同事在一起经常会碰出一些好点子。"

【精神榜样】

费拉尔·凯普说："西点（军校）告诉我，最好的执行者，都是自动自发的人，他们确信自己有能力完成任务。"自动自发是一种重要的生活和工作态度，对一个人的成功与否起着至关重要的作用。当你的能力和自动自发的意识与积极心态结合在一起时，就能创造出骄人的成绩。同学们，命运掌握在自己手中，"做一天和尚撞一天钟"的混日子态度千万要摒弃。

 **深井里的探路者**

【模范人生】

程水根，1988年招工进入铜官山铜矿，选择了井下打眼工这个矿山最危险、条件最艰苦的工种，在地层深处与钻机和岩石结下了不解之缘，这一干就是20多年。

到矿上的第一天，程水根就跟师傅下了井，从井下上来，他心里充满了失望：井下潮湿不说，巷道又窄又暗，掌子面也是巴掌大的一块；而且井下白天跟晚上一模一样，让从没下过井的人很不适应。

师傅一眼看出了程水根的心思，对他说："小鬼，你不要三心二意，到了哪个地方都要好好干。铜矿苦是苦，干好了也能出成绩。"于是，他留了下来。

留是留了下来，但铜矿很快就给年轻的程水根来了个"下马威"。上班后不久，程水根在一次夜班正常工作的时候，手中的打眼机突然间风、水、电都停了，刚参加工作的他对这种情况不以为然，以为是出了点小事故，就坐在一旁等风、水、电到来。但程水根哪里知道，井上正在下暴雨，地面上形成了洪流，水都在往井里灌。所幸的是，矿里的领导发现程水根没上来，及时找到了他，不然后果不堪设想。

自打遇到这件事之后，程水根知道井下的工作千变万化，凡事都留了个心眼儿，一下井就将任何可能存在的安全隐患消灭在萌芽状态。

2001年8月，程水根从铜官山铜矿调到安庆铜矿；2005年5月，他又从安庆铜矿调到冬瓜山铜矿。工作地方换了，程水根的心情也渐渐换了。这主要得益于井下的工作条件越来越好，也得益于矿友们的安全意识越来越高。

尽管工作条件在改善，但矿山还是留不住人才，这几乎成了程水根的一块"心病"。"干事要踏踏实实，做人要老老实实，干一行爱一行才能把工作做好。把本职工作做好了，就是对企业、对国家最大的贡献。"程水根常常这样跟刚进入矿山工作的年轻人说。

踏踏实实，是程水根对自己最起码的要求。到矿山工作19年来，程水根每天出满勤，干满点，早下井，晚出井，从来没有因为自己的事情耽误过工作。在安庆铜矿工作时，工作单位离家有150多公里，程水根连续几个春节都在矿山度过。

在铜陵有色公司，程水根被誉为敢打硬仗的杰出岗位能手。他多次被评为矿级生产标兵、公司劳动模范，1998年获安徽省五一劳动奖章，2000年获全国五一劳动奖章。

【精神榜样】

卡耐基曾经说过："有两种人永远都会一事无成，一种是除非别人要他去做，否则绝不主动做事的人；另一种则是即使别人要他做，也做不好事情的人。那些不需要别人催促，就会主动去做应做的事，而且不会半途而废的人必将成功，这种人懂得要求自己多付出一点点，而且比别人预期的还要多。"如程水根一样，正因为养成了主动工作、积极进取的习惯，因而很容易在工作中找到自己的位置，并获得成功。

永不熄灭的航标灯

【模范人生】

　　王炳交，作为新一代航标工人的优秀代表，他有着高度的主人翁精神和高度责任感，一心扑在工作上，作为灯塔的带头人，严格要求自己，在工作、学习和社会生活中发挥先锋模范作用，为航标事业作出了自己的贡献。

　　他独守孤岛30年，这足以令人敬佩；而在孤独中创造价值、享受快乐，则更引人赞叹。

　　他工作所在的团岛灯塔，地处青岛港咽喉部，这里是船舶进出青岛港的必经之地。德国侵占青岛后于1900年建造了这座灯塔，至今已有100多年的历史。进出青岛港的船舶都要依靠它定位、导航和转向，其安全助行地位十分明显。面对青岛港航运事业飞速发展的新形势和这座灯塔所担负的光荣使命，作为灯塔的负责人，他深知责任重大，像爱护眼睛一样精心呵护灯塔，做到"准确助航，及时保障"。

　　团岛灯塔的雾号设备老化严重，早已超过正常使用年限，给灯塔的正常发讯造成了很大的困难。从改造雾号开始，王炳交对这些"超期服役"的设备进行了全面维修。雾号是团岛灯塔的重要组成部分，遇到大雾和暴风雨等能见度极差的恶劣天气时，船舶就会根据它的鸣叫来判断灯塔的位置。改造雾号遇到的最大障碍是：该设备在国外已经被淘汰，既无图纸也无配件，技术改造无从下手。在寂寞的孤岛上，王炳交的"革新之旅"悄无声息却步履坚定地开始了：没有现成的图纸可以借鉴，他就在线路上贴上白胶布编上号码，一点一点地拆，再根据标志和画好的草图进行重新组装，经过两个多月的艰苦攻关，他终于查清了繁杂紊乱的线路，改造模式也在他脑海中粗具雏形，有了大致轮廓。紧接着，他又攻克了一个又一个的技术难关……终于这台"老古董"再一次迸发出青春活力。

多年来，团岛灯塔的发光、发声、发讯率及维护正常率几乎年年都超过了部颁标准，保持在100%，这得益于他对灯塔所倾注的满腔情感，像爱护自己的眼睛一样去爱护灯塔。

岛上生活寂寞孤独，王炳交像老大哥一样总是将方便留给别人。自1983年以来的每个春节或是假日，王炳交把所有回家与亲人团聚的机会都让给了别人，而自己选择了留守在那间简陋的灯塔值班室里，"我是灯塔主任，就一定要担起主任的责任，我总不能自己与家人团聚让我的部下们留守孤独吧？"

做船舶前行的"航标灯"是百年灯塔的使命。在同事眼中，王炳交也是一盏熠熠生辉的"航标灯"，引导着大家工作和生活的航向。

【精神榜样】

王炳交能独守孤岛30年，就是因为他树立了极强的责任感，有一种崇高的主人翁精神。这正是青少年应该加以认真学习的。在人的一生中，每个人都要经历一段刻骨铭心的航程——在风平浪静，或是波涛汹涌的海面上，一艘船载着你和其他一些同道的人执着地前行。作为这艘船上的一员，船的命运就是你的未来，船的方向亦是你的人生。船在水面上且浮且沉，需要每个人的操纵与掌控；船在风浪里且进且退，需要每个人付出努力，同舟共济。

"蚂蚁精神"的传人

【模范人生】

陈旧的书橱里摞着一沓一沓的红色证书，老人独独挑出了一本，上面写着"按国家规定的高级技师任职条件，经考核合格，特发此证，编号：001 号"。这位年近八旬的老人名叫刘海珊，获得过全国五一劳动奖章、上海劳模等几十个荣誉。凭着"蚂蚁啃骨头"的精神，他从一个半文盲的三轮车工人成长为技术尖子。

"刚到上海那会儿，我连路牌都不清楚，因为不大识字。""解放前，老家房子毁了，靠地吃饭的父母带着我和妹妹辗转从南通来到了上海，当时我只有 15 岁，之前上过两年私塾。"在那个兵荒马乱的年代，15 岁的刘海珊靠着一辆三轮车，撑起了整个家。

就这样，车轮转过了 10 个年头，1958 年，25 岁的他面临着失业。1956 年，国家正在对资本主义进行社会主义的改造，原本三轮车的主要客户是私营企业的小业主，这群人正在逐步消失，客源没有了，工作自然难保。"这个时候国家建设需要劳动力，而身无任何技能的我也得到上岗的机会，来之不易啊。""1958 年，我到了上海建设机器厂（现为上海建设路桥机械设备有限公司）。"

刚到厂里，即便只是一个小小的水泥浇铸工，刘海珊每天也干得不亦乐乎。那个年代，国家希望粮食创收，就需要制造化肥设备，像刘海珊这样的学徒也有机会跟着师傅一起干。"不过，那时我已 28 岁，也有妻儿了。"

刘海珊知道，与老师傅相比，他的专业知识差远了。上班时，他偷偷看每道工序，记下来反复练，终于从刨铣到组装零件都干得得心应手；下班后，他每天回家后补习初中的课程。在机器厂不懂机械制造，几乎寸步难行，他给自己提出了更高的要求——上大学。三年半后，夜大课程结束，近50人的班里只剩下了32人，最终只有29人拿到了毕业文凭。

通过专业学习和厂里的实践，他已经从半文盲的浇铸工变成可独当一面的钳工。"当时很多设备都要从外国进口，而进口就意味着花钱。"纺织行业的一台预缩机从日本进口每台售价为23万美元。"任务到了我们厂之后，我只是想要化解这个难题。"据计算，预缩机阻尼的技术革新，为国家省下外汇253万美元。又如，毛坯重达60余吨的6米超级大水泵上的球形转体，这个曾被搁置了6年的项目，刘海珊仅用了3个月就攻克了。

通过不懈努力，刘海珊的身份又发生了变化——从工人技师变成了高级技师。"高级技师"证书是对他工作的高度肯定。

【精神榜样】

21世纪，人才竞争激烈，知识更新换代进程空前，所以，再优秀的人才也会"折旧"。如同企业购置的机器设备都会按一定年限折旧一样。据美国国家研究委员会的一项调查发现：半数以上的劳动技能在短短的3年至5年内就会因为跟不上时代的发展而变得无用，而以前这种技能折旧的期限则长达7年到14年。因此，我们每个人都要在课余时间及时为自己充电，不要"吃老本"，通过学习弥补自己的不足，夯实自己的优势。只有不断地奋进，才能充实自己，才能获得成长，才能使自己在未来人生中始终立于不败之地。

矿山铁人马万水

【模范人生】

马万水，1923 年出生，河北深县人，1936 年在北京隆顺油柴局当学徒，1942 年在北京门头沟煤矿当矿工。新中国成立之初，为迅速发展钢铁生产，国家从全国各地抽调一批懂矿山技术的干部和工人到矿上工作，当时在北京门头沟背煤的马万水被选中，成为新中国的煤矿工人。

1949 年 9 月，龙烟铁矿掘进五组成立，马万水任组长，并负责采掘工程的技术指导。在马万水担任组长之前，由于大多数工人都是新手，一个月下来，全组在井巷中前进了只有两步远。马万水被派来当组长，他面临的首要任务是教工友怎样掌钎、打锤。

马万水抡起大锤来，一气能打 450 下，工人没有不佩服他的。谁不会干，老马就和他一起搭档，先给他示范，再叫他照着干。在马万水的带领下，全组工人掀起了学习技术的热潮，1950 年 4 月取得月进尺16.5 米的好成绩，到 6 月份，又创造了全部手工操作、独头掘进23.7 米的黑色金属矿山掘进全国新纪录。此后，该组被龙烟铁矿正式命名为"马万水小组"。

马万水是个"粗人"，没上过几年学，但他总结了上百种矿山快速掘进经验。当时龙烟铁矿的岩石非常复杂，有石英岩、矽质板岩、千页岩及软硬不同的赤铁矿石。面对不同的矿石，马万水在每次爆破后，都要从中总结经验；遇到陌生的岩石，他总是先放几炮试试岩石的性质。经过长期摸索总结，马万水创造了上百项掘进方法。

　　1954 年，马万水小组开凿 1080 平峒，松散的沙石岩层使他们难以前进，他们创造了超前支架密集棚子开口法；开凿 1850 平峒时，遇到了流沙大断层，他们又创造了打撞楔法、深坑作业法等，其中很多方法还被写进了教科书。马万水的不断创新，让他的小组在矿山掘进上一次又一次刷新了纪录。

　　1960 年 1 月，马万水小组再次创造了独头巷道月掘进 435.91 米的全国新纪录。冶金部在庞家堡铁矿召开全国矿山建设现场会，号召把马万水小组快速掘进红旗插遍全国矿山，为我国钢铁工业的发展再立新功。1960 年 4 月，马万水被授予"工人工程师"职称，同年被有色金属矿山研究院聘为特约研究员，联合国的有关机构也曾对他创造的先进掘进技术进行专门讨论研究。

　　马万水每天从矿上回来，裤子经常半截是湿的，长年累月在井下，就得了风湿病。到 1960 年年底，马万水的病情已十分严重了。两腿钻心地痛，他只当是关节炎，爱人为他做了条羊皮裤子护住双腿，他每天还往井下跑。腿越疼越厉害，疼得腰都直不起来，他拄着棍子坚持去工作。当他不得不接受"命令"到北京就医时，被查出已是癌症晚期。由于采矿的烟尘，马万水还患上了严重的矽肺病。

　　"老马是 1961 年 2 月去北京住院的。"马万水的爱人张淑芸回忆，"他不顾自己，也不顾家。组织上让老马去北京看病的命令发了好长时间，他都不走；每次出去开会，他都拄着棍子，装出没事儿的样子。"最后，马万水先后被安排进北京的两家医院，还曾同焦裕禄住过同一病房。"小张子，我走了，你要服从组织，听党的话。"这是马万水给张淑芸的最后叮嘱。

【精神榜样】

　　"马万水小组"的建制一直保留到今天，并且发展成为一个颇具规模的现代化公司。这个团队在 1950 年、1959 年两次获得全国劳动模范集体称号；1994 年再次获得全国五一劳动奖章。在半个多世纪的岁月洗礼中，马万水英雄集体培育、发展了"艰苦奋斗、严细求精、拼搏奉献、勇攀高峰"的马万水精神。作为新时代的青少年更要继承这种精神，为祖国的强大贡献力量。

当代产业工人的杰出代表

【模范人生】

许振超，1950年1月出生，山东荣成人。1974年，初中毕业的许振超在青岛港当门机操作员。他勤学苦练，一周的时间就学会了基本技巧，是在一起学习的工人中第一个独立操作的人。然而，会开容易开好难，师傅开门机，钩头起吊平稳，钢丝绳走的是一条线，到了他手里，钩头稳不住，钢丝绳直打晃，给工人增添了不少麻烦。比如矿石装火车作业，一钩货放下，洒在车外的比进车内的还多。看到工人忙着清理，他感到十分内疚。

为了早日掌握这项技术，每次作业完毕，别人歇着了，许振超还留在车上，练习停钩、稳钩。集装箱上有4个锁孔，从几十米高的桥吊上看下去很难分辨，更别说用在空中摆荡的吊具放下去，一次把锁眼都对齐，把集装箱抓牢靠了。四五个月后，他开的门机钢丝绳走起来也一条线了，一钩矿石吊起，稳稳落下，不多不少，正好装满一车皮。这手"一钩准"的绝活儿，很快就被大家传开了。

"一钩净"是许振超的又一项绝技能。一次，许振超干散粮装火车作业，发现粮食颗粒小，更易洒漏，他便在工作之余，吊起满满一桶水，练习走钩头，直至练到钩头行进过程中滴水不洒。再去装散粮，一抓斗下去，从舱内到车内，平平稳稳。铁路运粮食时，对装车的标准要求很严格，粮食要在车厢内打个尖，高出车厢80公分，码头工人叫"起龙骨"。打这个"龙骨"很难，坡度要合适，坡面要平滑，盖上篷布后，才能不存雨水。许振超用他的"一钩净"，把这些问题给解决了。

　　1984 年，青岛港组建集装箱公司，许振超当上了第一批桥吊司机。他在工作中发现，桥吊故障中有 60% 是吊具故障，而故障主要是由于起吊和落下时速度太快，吊具与集装箱碰撞造成的。他提出，这么操作不仅桥吊容易出故障，货物也不安全，必须做到无声响操作。

　　许振超的"无声响操作"堪称一绝，偌大的集装箱放入铁做的船上或车中，居然做到了铁碰铁不出响声，这是许振超的一门"绝活儿"。其实他创造这种操作法，是因为它可以最大限度地降低集装箱、船舶的磨损，尤其是降低桥吊吊具的故障率，提高工作效率。实践证明，它是最科学也是最合理的。

　　1990 年，许振超已经成为青岛港一名熟练的桥吊司机，然而一次桥吊出现的故障让他真正感到了与世界水平的差距。花大价钱请来的外国专家只修理机器不传经。"我就不服这个输，我觉得我行，通过努力我能掌握这个技术。"许振超决心自己钻研。到 1995 年，许振超摸熟了队里所有桥吊上的电路板，画出厚厚的两本电路图纸。这套图纸如今成为队里的桥吊技术手册，后来桥吊出现故障维修，再也没有请过外国专家。

　　从 20 世纪 70 年代开门机到 80 年代开桥吊、90 年代管理桥吊，再到新港区主持现代化大型桥吊的安装，许振超和他的团队都从最基本的操作技能开始钻研。近几年来，许振超瞄准世界集装箱码头作业的一流指标，开启了青岛港集装箱作业以秒计算的时代，为我国的海运事业作出了巨大贡献。

　　2002 年 2 月，青岛港启动西移战略，将外贸集装箱航线全部由老港区转移至位于黄岛的前湾新港。面对这个硬件已经达到世界一流的码头，许振超决心干出世界一流的活儿来。他打破桥吊司机一年才能出徒的惯例，创出了一套"累计动车 60 小时即可出徒"的桥吊司机培训新办法。按照国际标准，桥吊的故障率被控制在每百小时出现 3 小时即可，但他坚持降到 1 小时之内。半年时间内，他培养出了一支"技术精、作风硬、效率高"的优秀团队，为赶超世界纪录打下了坚实的人才基础。

　　2003 年 4 月 27 日，青岛港新码头灯火通明，许振超和他的工友们在"地中海阿莱西亚"轮上开始了向世界装卸纪录的冲刺。青岛港 8 台桥吊一字排开，吊起的 8 个集装箱几乎同时轻轻落下船来。鏖战 6 小时 27 分钟，桥吊队创出了单船效率每小时 339 自然箱的世界纪录，打破了由香港现代货柜码头创造的每小时作业 336 自然箱的原纪录。2003 年 9 月 30 日，在接卸"地中海阿莱西亚"轮的作业中，桥吊队以每小时单船 381 自然箱的装卸效率，再次刷新了世界纪录，"振超效率"扬名世界。

【精神榜样】

许振超敢于大胆进行技术创新和管理创新，向世界一流先进水平冲击的奋斗精神值得我们每个人学习！我们的人生，原本就是一个奋斗的过程，我们生活一天，就得奋斗一天。生活一分钟、一秒钟，就得要奋斗一分钟、一秒钟，奋斗使人生更多彩，同时也能够锻造出一个人的高尚人格。"奋斗使人生精彩，使人格高尚"，许振超用他的成功经历证明了这一点。

 中国的"保尔·柯察金"

【模范人生】

　　吴运铎生在萍乡煤矿一个职员家庭，从小聪慧的他喜欢在机器旁看工人师傅操作，好奇地问这问那，后来又在机电车间当学徒。1938年他和另外三名会钳工的安源工人，辗转来到皖南参加了新四军，并分配到修械所，从此与革命的兵工事业结下了不解之缘。

　　吴运铎带领战友们克服种种难以想象的困难，在一个月内就建起了制造、修配、枪托、锻铸造等车间，安上土机器，成功地制造出了第一批新步枪。每当日伪军进攻根据地时，他就带领大家抬着步枪打游击。一有空，他就坚持生产炮药、地雷送往前线部队，为提高部队战斗力作出了重大贡献。

　　1940年，吴运铎被任命为子弹厂的厂长。造子弹谈何容易？吴运铎埋头研究，小心翼翼地把弹头拔下来，揣摩子弹的各部分构造，计算各种用料的重量，又用破铜废铁为原料，用食用酒蒸馏成酒精，配以雄黄和洋硝，研制出了子弹。

　　吴运铎虽身为厂长，却始终保持着工人阶级本色，勤奋工作，生活俭朴。他坚持实践第一的原则，经常深入工厂车间和试验场，亲自动手与技术人员和工人一起研究产品的改进，使得技术成果能迅速转化为可靠的产品，大大缩短了兵工产品的研制周期。

　　由于革命战争时期留下的伤残和痼疾，"文革"之后吴运铎同志长期住院治疗。1991年5月2日，因肺心病复发抢救无效，停止了呼吸。一颗传奇式兵工之星从此陨落。

　　在战争年代，由于不具备先进的设备与技术，战争的炮药制造只能靠摸索着研制。吴运铎就带着 7 个没有经过正规学校培训的学徒，边干边学。吴运铎在工作期间多次受伤，其中三次重伤，留下伤口 100 余处，但他都以顽强的意志力奇迹般地活了过来，与死神擦肩而过。

第一次，发动机的摇柄突然掉下，砸伤了他的左脚，后来伤口发炎，高烧 40 多摄氏度，左腿感染。腐烂的肌肉被挖去，他的踝骨处留下一个月牙形的大洞，吴运铎不得不拄着双拐走路。

第二次，为了修复前方急需的旧炮弹，他从报废雷管中拆取雷汞做击发药，雷管意外地在他手中爆炸，吴运铎的左手被炸掉 4 根手指，左腿膝盖被炸开，露出膝盖骨，左眼几近失明。他躺在病床上不能下地，就在床上画武器的设计草图，导致伤口迸裂，鲜血直流，但他浑然不觉，医生不得不没收了他的钢笔和小本子。

第三次，在检查射出去的哑火炮弹时，吴运铎左手腕被炸断，右腿膝盖以下被炮弹炸劈一半，脚趾也被炸掉一半。医生怕他麻醉后醒不过来，做手术时连麻药也没敢用，吴运铎都硬挺了过来。医生告诉他有失明的危险，吴运铎却说："如果我瞎了，就到农村去，做一个盲人宣传者！"在治疗期间，他又让人买来化学药品和仪器，在疗养室里办起了炸药实验室，制造出新型的高级炸药。

【精神榜样】

"把一切献给党"是吴运铎一生的真实写照，他以行动履行了自己的誓言。他把勤奋当法宝研制出各种炮药设备，给予前线极大的支持。相传古罗马人有两座圣殿：一座是勤奋的圣殿；另一座是荣誉的圣殿。它们在位置安排上有一个顺序，人们必须经过前者，才能到达后者，也就是说，勤奋是通往荣誉的必经之路。

城市新工人戴景明

【模范人生】

已是不惑之年的戴景明现在是天津二建公司劳务队长，十几年间他从一名工地上的推车小工，成长为建筑行业里技术过硬、善打硬仗并且懂得管理的行家里手。

戴景明老家在河北，1991年他从河北省临漳县柳园镇进城打工，当了一名建筑工人。戴景明在工作中渐渐感受到打工光有力气不行，要想有大的作为只有用知识、用技能武装自己。从此戴景明就开始了边工作边学习的生活。他白天在工地劳作，晚上参加夜校学习拼命补充知识，不懈的努力使他系统学完了有关建筑项目工程方面的课程，顺利取得了二级项目经理的技术等级，接着又通过多项考试，取得了建筑工程师的职称。

通过打工自己生活改善的戴景明没有忘记家里的乡亲们。1995年元月，戴景明回到老家过年，了解到不少乡亲外出找工作难，于是便计划着组织一部分人到公司集体务工。在征得单位领导同意后，春节一过，戴景明便组织了50多个村民，组成建筑劳务队开始独立承包建筑公司的劳务工程。从此每逢戴景明回家，很多乡亲就找上门来想加入他的队伍，"全靠戴景明我们才能外出打工致富。他这人厚道，讲信誉，跟着他干我们放心！"这是乡亲们对戴景明的赞赏。

戴景明有股不服输的狠劲儿，对于工作中的困难从来都是知难而上。一次戴景明接了天津钢管公司出口基地的厂房建设项目，当时正值农忙时节，工人缺失工作不稳，而客户又要求必须1个月交工，可是这种项目通常需要3个月才能完成。面对困难戴景明没有退缩，他在不到3天时间里就组织了200名农民工兄弟。施工时赶上雨天，大家就冒雨干活儿；在盐碱地上挖土做地基，全是稀泥，没有大型机械大家就靠人工挖掘；期间戴景明还改进施工方法大大加快了工程进度。结果工程如期完成并顺利通过验收。工程质量受到好评，戴景明的团队也打出了自己的名声。

随后戴景明和他的团队在工作上精益求精又完成了天津津湾项目重大工程。"5·12"汶川地震后，戴景明又和他的40多名农民工弟兄在灾区奋战两个月，完成了105套临时住宅、1所小学、1所幼儿园，总建筑面积2.5万平方米的施工任务，成为当地救灾队伍中最有战斗力的队伍之一。

面对接踵而来的荣誉，戴景明依然保持着自己劳动者的本色："我始终忘不了和工友们患难与共的日子，忘不了与他们一起冒着风雪酷暑夜以继日赶工期的日子。我有一个想法：不仅让他们在工地上吃得香、睡得暖、挣到钱，还要让他们掌握生存的本领。"这就是城市新工人戴景明。

【精神榜样】

青少年们在未来都将走上不同的工作岗位，如果在工作中无论做什么事都坚持不懈与奋斗，不给自己留丝毫松懈的余地，那么无论做什么工作，身陷怎样的困境，处于怎样平凡的岗位，都能在最短的时间获得成长和发展的机会。但如果我们心态浮躁，以为凭借自己的才华和能力，无须费力就能完成工作，从而用应付的态度对待工作，那么我们永远也不会获得机会的垂青，不会获得真正的成长，最后只能是我们的工作乃至整个人生应付了我们自己。

矿井深处最美的人

【模范人生】

　　每天面带笑容进矿，然后平安出井；每年三分之一的时间工作在地下 500 米深处；尽管条件艰苦，工作辛苦，唐孝君还是深深爱上了这份采煤工作，一干就是 20 年。

　　"作为一名共产党员，就应当敢于吃亏，舍得付出。"每逢危难时刻，唐孝君总是挺身而出、冲锋在前。在斗岭井一总回风巷的施工过程中，巷道顶板破碎、断层落差大，随时可能"冒顶"。唐孝君主动将这块"难啃的骨头"揽了过来，顶着困难一连 3 天没有离开工作面，几次孤身进入"冒顶区"，细心观察地质构造，探寻解决办法。与工程技术人员制定出抢险方案后，他第一个进入"冒顶区"实施防范手段，再叫同事们上。原预计需要 40 天的"拦路虎"工程，他和队友们 30 天就攻了下来。

　　一天中班，矿井突然发生大面积"冒顶"，3 名职工被堵在巷道内。正在休息的唐孝君闻讯后，带领同事火速奔到事故现场，冒着可能发生二次"冒顶"的危险进去救人。由于顶板压力太大，第二次"冒顶"发生了，在场职工都紧张起来。怎么办？凭着多年的井下经验，唐孝君果断决定："从旁边开出一条小巷，分班轮着上！"他自己冲在最前头，打钻、扒矸，手被石头划破了也浑然不知。时间就是生命。26 个小时过去了，他滴水未沾，小巷终于打通了，3 名工友得救了，他却昏倒在地……

　　有一次，工区安排唐孝君他们去一煤巷采煤，他发现巷道上的 6 架"支护"有质量问题，存在安全隐患，立即向调度员声明："不把'支护'改好，本班决不挖煤!"调度员还没来得及表态，他又急着说："一线生产，安全最重要，总不能为了挣钱而不顾生命。"便立即带领当班的同事干起来，硬是先把6架不合格的"支护"弄好后才开始采煤。

唐孝君1987年来到煤矿，从扒矸的小工到操镐的大工，从班长到队长，一直奋斗在采掘一线。

有朋友劝他："你都'奔五'的人了，不要上一线了，到工区调度室当一名调度员算了。"领导找他谈话时，他态度明确地说："是组织培养了我，现在工区采煤队劳力少，就让我继续留在采煤队吧! 只要身体没问题，我愿意当一辈子采煤工!"

【精神榜样】

在危险的矿井中一干20年，是因为唐孝君心中有一股奋斗到底的信念，坚定的信念可以让一个人用充满激情的行动以最快的速度接近梦想，可以将"不可能"的事情变为"可能"，它能帮我们克服重重困难，跨越种种阻碍，促使我们更加积极努力。为了要超越障碍，我们必须去探索所有的可能性，即使只是一点小小的希望，也非得紧紧抓牢不可。这是一种冒险，也是向未知挑战。热情和信念，正是活泼、有朝气的人生象征。

做生命的强者

【模范人生】

全英子是 10 多年来整个延边朝鲜族自治州供电系统里唯一的一名女电焊工。她所在的维修队承担着延边供电公司 15 万平方米的采暖系统检修维护工作，是物业维修队的重要组成部分。全英子肩负着全部供水供暖管道的维护焊接任务。

过去各类管道大都是地埋管道或者是在地沟里架设的管道，所以全英子的工作环境就显得特别差，基本上可以用"低、水、泥、窄"这 4 个字概括。

需要焊接的部位低，她得经常弯着腰、低着头焊接；漏水的地方往往有积水，她得穿上大胶鞋站在水中焊接；地沟里到处都是泥，焊接时浑身沾满泥土；更多的时候，工作环境狭小，她得缩着身子焊接。在这样的工作环境中，工作起来相当辛苦，每当完成一项焊接任务，全英子总是累得腰酸背疼，直不起身来。

这样的情况，如果赶上了三伏天或三九天，干起活儿来的辛苦更是可想而知。而每年的夏天和冬天，她总会赶上几次在最热和最冷天里外出焊接管道。

热的时候，顶着烈日，脸上流下来的汗水常常在防护面罩里汇聚成一个水涡；冷的时候，迎着寒风，冒着大雪，她手中的焊枪从没有停下来过。

作为一名女焊工，在每次大修中她必须克服种种困难和男同志一起工作，施工现场常常一片荒芜，没有避风和取暖的场所，就连厕所都没有，女同志的不便之处可想而知……全英子从来不喊一声苦、叫一声累，从早干到晚，一干就是半个月。

焊接工作不仅辛苦，而且技术要求高。全英子是队里公认的一把好手，她所焊接的锅炉几乎没出现过漏点。

一次，地下管道腐烂急需更换，地沟里充满了沼气和粪便，阵阵恶臭让大家心有余悸。全英子二话没说便跳下去开始焊接管道。趴在地上、坐在地上是焊工的基本姿势，一股股难闻的臭味儿惹得她一阵阵恶心，但她像以往一样没有退却。"有人说女人的名字是弱者。但我觉得，有时候女人比男人更能承受、更有韧性。"全英子骄傲地说。

【精神榜样】

滚烫的焊花在炎热的夏季、严寒的冬天跳跃，它点燃了全英子的职业人生，也点燃了周围人的工作热情。全英子的事迹告诉我们：热情胜于能力。一个有才干的人，如果没有热情，就会什么事都干不好、干不成；而一个充满热情的人，却能干好他力所能及的每一件事。正如西点军校戴维·格立森将军所说："要想获得这个世界上最大的奖赏，你必须将梦想转化为有价值的献身热情，以此来发展和展示自己的才能。"

蓝领专家孔祥瑞

【模范人生】

　　孔祥瑞，男，汉族，天津市人，中共党员，1955 年出生。他 17 岁走进港口，成为天津港第一代大型门吊司机。师傅金贵林是著名的劳动模范，是一位爱岗敬业、对工作精益求精的老工人。师傅的言传身教在孔祥瑞心中打下了很深的烙印，他决心要做师傅那样的人。当时的天津港自动化程度还不太高，开上大型门式起重机的孔祥瑞特别珍惜自己的岗位，这是当时最先进的装卸设备。他要把门机变成港口工人的钢肩铁臂。

　　孔祥瑞常说的一句话就是："人可以没有文凭，不可以没有知识。"别看孔祥瑞只有初中文化，钻研起技术来却如饥似渴。孔祥瑞有记工作日志的习惯，每天设备出现哪些故障、什么原因、修理过程、注意事项等都一一记录在案，不漏掉任何有价值的细节。在不断的学习和摸索中，十几年下来，他对自己掌控的多种设备从工作原理到技术参数都已烂熟于心。

　　1985 年，已经开了十几年门式起重机的他，参加了职工大学的考前培训班。那时候，孔祥瑞已经是值班队长，是队里的技术骨干，上学就要占用工作时间，但岗位上离不开他，他人在课堂，心里却惦记着生产。上课第三天，孔祥瑞作了决定：告别课堂，重新回到他最牵挂、最热爱的工作岗位。他认为，生产实践这个大课堂照样能培养人。

　　短暂的求学经历虽然停止了，但孔祥瑞的求知欲望更加强烈。孔祥瑞把工作岗位当成课堂，把生产实践作为教材，把设备故障作为课题，把身边拥有一技之长的工友当作老师，勤奋学习、刻苦钻研。他找来设备说明书，一页一页地学，一项一项地啃，不明白的找资料，不懂的找人问，直到把厚厚的说明书弄懂弄熟。孔祥瑞的家住在天津市区，到港口有 50 多公里的路程。那些年，他每天上下班都要坐汽车、倒火车、再换汽车，来回要走 5 个多小时。孔祥瑞总是带着书，如饥似渴地学习。岗位上的刻苦钻研，使孔祥瑞逐渐成长为一名专家。

孔祥瑞对所在岗位的各项设备了如指掌，对操作技术参数烂熟于心，他不仅克服了自身的"知识屏障"，而且练就了"听音断病"的一手绝活儿，成为"门机大王"和"排障能手"。近年来，由他主持的技术创新项目达 180 多项，为企业节约增效过亿元。

2000 年，他带领队里的技术骨干解决了门机因变幅螺杆与螺母摩擦热量过大而"抱死"的技术难题，直接为公司节约资金 180 万元；2001 年，他发明了"门机主令器星形操作法"，使门机每次作业可节省 15.8 秒，当年创效 1600 万元；2003 年，他主持的"门座式起重机中心集电器"技改项目获得国家实用新型发明专利。

从 2004 年起，他还带领科技人员先后完成了翻车机、摘钩杆等 80 多项技术革新；2006 年，改进设备电缆，节约维修成本 100 万元；2007 年，攻克"大型机械走行防碰撞装置"难题，创效 181 余万元，主持研制的"大型机械电缆防出槽技术"获国家实用新型发明专利，并创效 990 万元；2009 年，他主持完成的"降低皮带机万吨故障时间"攻关项目，把皮带机万吨接卸故障时间降低近六成，填补了我国港口系统设备接卸煤炭的一项技术空白。

【精神榜样】

蓝领专家孔祥瑞成为了时代的楷模。面对赞扬，孔祥瑞说："我是个工人，干不出什么惊天动地的大事，不过就是有一种责任感，把企业的事当成自己的事，一点一滴地做，忠诚老实地做，最大限度地做。"责任是成长之路上的无价之宝，它伴随着每个人生命的始终。一个缺乏责任感的人，他的成长之路必定充满荆棘。承担了责任，我们就拥有了不息奋斗的力量，从而也获得了成长。

 **将热爱贯穿在工作中**

【模范人生】

盛玉敏是中国石化股份有限公司洛阳分公司化验一车间一名优秀的化验女工，在这个岗位上，她已经度过了 21 年。从她擦拭桌面、仪器的认真劲儿看得出，她对这个地方充满感情。

油品检验是成品油出厂的最后一道工序，经盛玉敏手进行化验分析的有柴油、汽油、航空煤油、液化气以及坦克上用的柴油等，稍有马虎，后果不堪设想。然而，从参加工作那天起，她心里就有一种朴素的信念，争取干出个样儿来。

21 年来，她最自豪的是经她手出厂的几万张化验单没有任何差错，准确率是 100%。

盛玉敏高中毕业时就来到了化验车间，她爱学习、爱钻研的劲头深受师傅们的喜爱。她虚心请教，很快掌握了全部岗位的操作要领和技巧，提前一年破格转正。

化验车间工作辛苦，又经常考试，很多人不愿意在这里干，但盛玉敏却越干越起劲儿。1997 年，厂里办中专班，她把 3 岁多的孩子放在父母家里，白天上班，晚上上课，坚持了 3 年。

盛玉敏在工作中每一次分析都非常慎重、认真，从不放过一次异常情况。一次在分析航空煤油的电导率时，第一次分析结果特别高，第二次特别低。同一罐航煤怎么会有如此大的反差？经过多方比较，她发现是容器的清洁度不够，引起杂质离子吸附，及时采取措施后确保了分析数据的准确无误。因为认真，所以自信。一次厂里发往南阳的一批柴油用户检验后反馈凝固点超标，盛玉敏深信出厂时分析结果没有问题，她主动要求到用户现场进行分析。在现场，她沉着冷静，从试剂到仪器，仔细检查，最后发现用户温度计的线断了。原油颜色深，做酸值测定时分析结果误差较大，这一直是化验分析的一个难以解决的问题。为了攻破这个操作难点，盛玉敏下班之后加强练习，一练就是三四个小时，手腕累得发麻，回家吃饭手拿筷子都在发抖。就这样，她练就了一身"绝活儿"，总结出"分层滴定"操作法，解决了这一难题。

在实验室，盛玉敏向同事示范她的"绝活儿"，黝黑的原油注入洁净的玻璃容器里立即变成了艺术品，随着她的手的摇晃和试剂的加入，原油颜色分层沉淀，并随试剂的不同而改变。当盛玉敏做这一切时，一直面带微笑，她说，她非常热爱这项工作。

【精神榜样】

使命往往意味着自我牺牲和忘我奋斗，意味着尽职尽责、绝不张扬。人类历史上涌现过很多为使命感而默默前行的人。"路漫漫其修远兮，吾将上下而求索。"他们不惧艰难，完全忘我地工作，不惜一切代价和甘冒一切风险地遵从职责的召唤，这是最高尚的文明生活的本质体现。无论是过去还是现在，伟大的事业都值得人们去为之奋斗，值得人们为之神往、为之奉献自己的人生。

第三章

江山代有才人出

技术不硬，腰杆不挺

【模范人生】

2006 年 3 月，中华全国总工会、中央电视台联合举办的《状元360》超级钳工大赛在武汉举行。高手云集的参赛队员中，有一位普通员工叫高彦峰，他是吉林石化公司的一名职工。

出乎人们意料，这名普通职工一路过关斩将坚持到了决赛。最后一局的淘汰赛中，只剩下了两人，对手是湖北省的一位省级高手。看着对方自信的神态，高彦峰也多少有点紧张。在三项比赛的第一项垒球中，颤抖的手怎么也不听使唤，在多次失败的时候，对方已进入第二项铲断钢筋的操作中，远远地跑在了前面，16 根钢筋已完成了 10 根。这时的高彦峰才抡起自己手中似乎有千斤重的锤子，砸向手中的第一根钢筋。此时的场外观众包括同去的伙伴都认为他的对手拿冠军是尘埃落定的事，大家在顺理成章的推想中把眼光瞄向了领先者。突然，奇迹出现了，高彦峰以极大的爆发力，两三锤完成一个必须铲断的钢筋，从第一根开始，以超常的速度飞快撵了上去。

熟悉钳工这项操作的人都知道，这么粗的钢筋两三锤拿下是不可能的事，就连高彦峰在平时的训练中也是五锤定音，现场观众被他这种超常的举动惊呆了。不知谁冒出了一句："这简直是突然冒出的一艘核潜艇，太有爆发力了。"

第三个项目开始的时候，高彦峰把全部注意力放在了锉好的钥匙板上，他没去环顾四周和自己的对手，更没有任何别的幻想，他只有一个念头，这把钥匙必须做好，必须做成功。只见他平稳而准确地把持着锉刀，一下一下地锉着。当他终于把第三把钥匙插进规定的锁头时，他才发现，他的对手也把钥匙插了进去。他打开了这道技术高峰上的门锁，而他的对手却未能。高彦峰赢了，他凭着自己对钳工事业的热爱和执着实现了自己的冠军梦想！

对他的胜出，人们并不意外。在企业平时的技术改进中，高彦峰都是靠自己精湛的技艺，一次次地解决了生产上的关键问题。2005 年，高彦峰提出了在装置密封上的改进措施，使该项装置的密封在不到半年的时间内达到国产化 95％ 以上，仅一项就为企业节约费用达 50 多万元。

胜利的果实来之不易，它体现出高彦峰坚实的基础，同时也体现了他的顽强拼搏、不甘落后的毅力和品格。一个普通的青工，凭着自己的毅力创造了属于自己的辉煌。为了鼓励先进，吉林省总工会授予高彦峰吉林省五一劳动奖章。

【精神榜样】

我们绝大多数人生下来时，条件是相同的，并无优劣之分。后来由于受到不同环境、不同人生经历的磨炼，给予大脑不同程度的刺激，人们才产生了较大差异。是碌碌无为，虚度韶华？还是踏踏实实，拼搏奋斗？这取决于我们自己。人生若白驹过隙，忽然而已。岁月匆匆、无情地流逝着。我们应该静下心来，抓住时间的尾巴，乘风破浪，直挂云帆，享受搏击沧海的乐趣。

 王永义的"铁路人生"

【模范人生】

王永义是中铁五局副总工程师、教授级高级工程师，先后参加了衡广铁路复线、南昆铁路、宝成铁路复线、西康铁路、秦沈铁路客运专线、青藏铁路等国家重点工程的建设，主持和参与了多项重大科研项目的研究，解决了许多工程施工中的关键技术难题，为国家重点工程建设作出了突出贡献。

1985年，王永义从西南交大毕业，来到了铁道部工程建设单位中铁五局科研所，从此开始了他精彩的"铁路人生"。工作伊始的王永义赴衡广复线实习，面对衡广复线三大难题之一的"既有线石方控制爆破技术"，他和同事们经过反复试验，开发出了"宽孔距多排微差深孔"控制爆破技术。1989年，"宽孔距多排微差深孔"控制爆破技术通过了部级鉴定并于次年获得了铁道部科技进步二等奖。1993年10月至1993年12月，王永义主持宝成电化铁路增建第二线工程石方控制爆破技术研究，总结出一系列行之有效的爆破开挖方案、爆破方法、安全防护技术与施工组织管理措施，解决了在既有电化铁路特殊而复杂的环境条件下进行大量石方爆破的技术难题。1998年，他又主持西康线狮子岩隧道有轨运输快速施工机械设备配套与施工技术研究，制定出了该隧道掘进、喷锚、衬砌三条主要作业线的大型机械设备配套方案。

而在王永义20多年的铁路人生中，青藏铁路的修建是最令他难忘的。2000年12月，王永义带领一支6人调查小组前往青藏高原格拉段进行实地考察，为青藏铁路修建准备前期资料。调查小组一行赴兰州、上西宁、进格尔木，白天到处找资料，晚上加班登记造册，用自己坚强的意志和信念换回了大量珍贵的第一手资料。王永义与同事们共同编写了一套《高原冻土筑路工程资料集》，成为了青藏铁路全线解决冻土施工难题的重要依据。随后王永义又主持了格拉段"世界第一长隧"的冻土建设工作，并于 2002 年 5 月 15 日实现了格拉段五标段西大滩冻土层路基试验段成型，成为青藏线上的一期工程中首段成型的试验段路基样板工程。王永义还主持研制了国内首台隧道仰拱作业桥，在青藏线第一个获得国家专利。他的多项研究更是填补了我国现行铁路行业标准的空白。

面对成绩王永义没有停下自己探索的脚步，他知道前方还有更多的高峰等待着他去征服，他的"铁路人生"还将继续向前迈进。

【精神榜样】

我们每一个人都有着独特的才华和无穷的潜力，许多人最终没有成功，不是因为他们能力不够、诚信不足或者没有对成功的热望，而是缺乏坚毅的品质。很多人做事往往有始无终，做起事来也是草草了事。他们总是对自己目前的行为产生怀疑，永远都在犹豫不决中。有时候，他们看准了一项事业，但当遇到一点挫折时就产生放弃的念头，觉得换一个可能更好。因此，面对苦难和挫折，我们要抬起头来，笑对它，相信"这一切都会过去，今后会好起来的"。在挫折面前多坚持走一步路，多坚持一分钟，也许你就会发现自己已经站在了成功的大门前。

做一个有出息的工人

【模范人生】

包起帆系上海港务局南浦港务公司工程师，著名全国劳模、五一劳动奖章获得者、享受国家特殊津贴、有突出贡献的优秀科技专家、高级工程师，致力于港口装卸工具的发明创造20多年，开发了新型抓斗系列共140多种，广泛应用于港口、铁路、化工、军工、河道等行业，多次在日内瓦、布鲁塞尔等国际发明展览会上获得金奖和银奖，"防漏散货抓斗"等9项成果获国家专利，被誉为"抓斗大王"，并被英、美两国国际传记中心分别列入《国际知识分子名人录》及21世纪金质成就奖。

1968年，18岁的包起帆来到上海港当了一名装卸工，却在1978年因工伤不得以被调到上海南浦港务公司机修车间工作，专门负责码头上的起重机的修理工作，从此包起帆开始了自己不畏困难的发明之路。

1981年10月，包起帆发明的"双索门机抓斗"成功运行，抓斗通过两根起重索顺利地打开和闭合，人木分离的目标实现了！中国港口史上第一只用来卸大船的木材抓斗诞生了。

1996年，包起帆担任上海龙吴港务公司经理，在新的岗位上他又开拓了发明新天地。一直以来，龙吴码头无法做外贸集装箱业务，为了改善这种情况，包起帆另辟蹊径改做内贸集装箱。包起帆先后4次到北京寻求交通部和相关单位的支持，8次到南方去寻求船公司、货主和码头的合作，历经艰难终于在1996年12月15日开辟了中国第一条内贸标准集装箱航线。

2001年，包起帆到上海港务局担任分管技术的副局长。2003年又担任上海国际港务集团公司副总裁。无论职位如何变化，责任如何重大，包起帆都在坚持发明创新的工作，且在更高的职位上他的舞台更大。包起帆不仅在技术创新领域不断突破，而且开始向着产业创新和管理创新迈进。

从一个码头工人到集团副总裁；从小的技术改革到改变生产方式的伟大技术革命；从一人单干到组建创新团队；从只有初中文凭到成为国家级专家。包起帆立足于一线，实现了自我的成长。对此，包起帆曾说："我是从装卸工开始发愤努力的，当时只想做一个有出息的工人。现在，我有了很多'头衔'。如果说我成功了，我其实只是做了一个有出息的工人。"

【精神榜样】

在工作中总会遇到困难，这时我们是视其为障碍而绕路前行，还是视其为机遇和成长的助力而勇于挑战？面对困难我们要有一往无前的勇气，难题是阻碍我们前进的障碍，也是帮助我们成长的基石。当难题摆在我们面前时，弱者会选择逃避，强者则会迎难而上。只要你敢于向困难发起挑战，不懈奋斗，那么任何工作都能顺利完成，而自己也会通过一个又一个磨炼得到不断的成长。

焊花点亮的精彩人生

【模范人生】

"这简直就是件工艺品！"这是挪威海德鲁卡塔尔铝业派来的检验焊接质量专家在看过中国长城铝业集团公司建设公司送检的工艺评定试件后发出的感叹。而这件"艺术品"的创作者叫杨红雷。杨红雷是中国长城铝业集团公司建设公司焊工队队长，是公司技术工人的顶梁柱。他用自己的双手使公司在工程进度、工程质量、工程信誉度的国际综合排名由原来的第七位一跃升到第一位。

1987年，杨红雷从长铝技校毕业成为中国长城铝业集团公司建设公司的一名电焊工。刚进工厂，师傅就对他说："这个工种，不养老，不养小，想学，你就得有这个心理准备。"起初杨红雷以为焊接是个简单的工作，没想到一上手要么是打不着火，要么是焊线走得歪歪扭扭，看着师傅那"绝妙"的手艺，杨红雷暗暗下了决心。从此，杨红雷就把工资花在了买书上，《焊接学》《锅炉压力容器焊接》《电焊焊接工艺》是他手边经常翻看的书籍。狭小的工作间，也成了他"练武"的好地方。虽然他的脸颊、颈部几度被弧光熏烤得脱皮，人也变得又黑又瘦，但杨红雷毫不动摇，把业余时间几乎全用在了研究焊接技术和学习理论上。功夫不负有心人，自己坚持不懈地勤学苦练以及师傅的言传身教，杨红雷仅用1年的时间就取得了6项锅炉焊接合格证中的5项，还熟练地掌握了各种焊接技法并成功地攻克了手工焊接操作中难度较大的单面焊双面成型技术。

此后，杨红雷多次代表公司参加技能培训和不同层次的技术比武，焊接技术日渐得到提高。1992年，长铝公司从德国引进的氧化铝管道化溶出工程开始建设，在该工程的焊接技术培训中，杨红雷更是加紧了对自己焊接技术的淬炼，短短的 3 个月他便取得了 8 个专业证书。2002 年，他参加了郑州市举办的职工技术比武，取得了第 3 名的好成绩，被授予"郑州市技术能手"称号。随后，杨红雷陆续参加了河南省焊工技能竞赛、河南省职工技能大赛、全国有色金属行业焊工技术比武等重大赛事。通过这些比赛杨红雷的技术不仅有了很大的提高，而且还荣获了省级"技术能手""有色行业十大技术能手""全国技术能手"等称号。

2007 年 11 月，杨红雷光荣地加入了中国共产党。面对党旗，他立下誓言："忠于党、忠于人民，时刻准备为祖国的建设奉献自己的一切！"

每当别人问起他是否后悔选择这个别人不看好的工种时，杨红雷总是微笑着说："刚开始当学徒时有过，不过现在一用手轻轻地抚摸着焊口，看到自己焊出的活儿，就很欣赏、很有成就感，觉得这才是我生命中最大的快乐。"

【精神榜样】

勤奋是成功的点金石，它能让你克服先天的不足。一个勤奋的人，即使一开始没有表现出惊人的天赋和过人的才华，但是只要他能够踏踏实实、坚持不懈，最终将比那些浅尝辄止、反复无常的天才取得更大的成就。从某种意义上说，天才离不开勤奋就像勤奋离不开天才一样，如果你很有才华，勤奋会让它绽放无限的光彩。如果你智力平庸、能力一般，勤奋可以弥补全部的不足并让你成长为新的天才。

认真细致成就不凡

【模范人生】

毛腊生是中国航天科工集团061基地风华机械厂的特级技师，1977年进厂工作。33年来一直奋战在生产第一线；33年来他用生命诠释了"工人"二字的深刻内涵。

毛腊生刚进工厂时，对造型工作一无所知。但他天生有种不服输的劲头，勤学行业杂志，认真写读书笔记，不断堆砂子模具，不停向老师傅请教，毛腊生就是凭着这样一股狠劲儿，在仅仅2年后顺利出师，作为骨干参与了当时难度极大的"差压铸造技术"研究，至今这项技术在国内仍处于先进水平。

2006年，工厂与中南大学合作，共同开发"高温耐热镁合金"舱体，工厂的专家和中南大学派来的博士生导师一起，先后试验20多次全部以失败告终。这时领导想到了毛腊生，决定请他出山解决这个技术难题。"只是个普通工人，能行吗？"专家们提出了这样的疑问。然而毛腊生并没将别人的质疑放在心上，在他看来没有试过的东西结果是不确定的。毛腊生从接手项目起便待在废品堆里潜心钻研了两天两夜，最后提出了在这个仓体上多加两圈加强框的设计方案。当专家看到毛腊生的修改方案后，不禁拍手叫绝。"在不增加工程难度情况下方案简单明了！"几天后产品出来，一次性就达到了设计要求。"没想到你们的一线工人这么厉害！"面对毛腊生的技术成果专家们竖起了大拇指。毛腊生的技术水平得到了项目组的一致肯定，在专家们力荐之下，毛腊生继续参与了产品的熔炼、浇注、合金材料配方等核心程序的研究。

　　毛腊生有一把竹片梗：这是一把造型独特的工具，一把细长的不锈钢片，它的顶部已经出现了尖刃，钢片的上半部分明显比下半部分薄了许多，像一把刚刚打磨出来的匕首。切、削、剔、攘全靠它来完成，而切割的对象，就是一堆堆的沙子。"这把竹片梗，毛师傅已经用了33年。"毛腊生的一位徒弟说。这就是现实版的"铁杵磨成针"，毛腊生就凭着这种毅力成长为新一代的技工典范。

【精神榜样】

　　海尔CEO张瑞敏说过："什么是不简单？把每一件简单的事做好就是不简单。什么是不平凡？把每一件平凡的事做好就是不平凡。"成长的机遇藏于细节中，无论在何种场合，细节的重要性都是不言而喻的。不要觉得那些不起眼的细节根本就算不了什么，要知道你忽视细节，成功也必将忽视你。真正的成功是在一个个细节成功的基础上累积起来的，就好比千里之行始于足下，你必须把每一步都走好，才有可能抓住更多的机会，使自己不断成长，尽快到达成功的彼岸。

用勤奋铸就金牌

【模范人生】

　　李兴敏是邹县发电厂运行机组组长。1997年从泰安电校毕业被分配到邹县电厂从事600MW机组的运行工作。8年来，他一步一个脚印，从泵房值班员干到集控巡视员、值班员。平日里，哪怕是休班天，人们也会见到身着朴素工作装、戴着深度近视镜的他在主厂房检查系统和熟悉设备。8年来，光是工作学习笔记他就积累了6本，不仅成为他的一笔宝贵财富，也是别人学习借阅的"秘籍"。在自己总结学习的同时，他还虚心向老师傅们请教，与同事们探讨，不断从各个方面汲取知识营养，提高业务技能。作为一名敬业精业的运行职工，他对每次机组异常处理都进行过事后分析，潜心总结各种事故的经验教训，并尽量做到举一反三，触类旁通。

　　对于学习，李兴敏有时到了痴迷的地步。他利用所学的理论知识及丰富的运行经验，破解了许多生产上的难题。一次，为了查找凝汽器漏点，他冒着夏日厂房内40多度的高温爬上钻下，汗水湿透衣背，脸上、身上到处是灰尘，他全然不顾。到了吃饭时间，同事见他没有回来去找他时，见他一个人正在机组的隆隆声中仔细察看仪表的数据变化。近年来，他提出的合理化建议50多条，被大家称为"五小"成果的专业户。在厂里开展的"营运改善，对标管理"经济指标竞赛中，他所在的机组也一直名列前茅。

　　某年暑期，山东地区受到高温和雷雨气候的交替影响，高温时候机组设备的运行环境相对较差，对安全生产构成很大威胁，而又处于用电高峰，该厂两台600MW机组也是满发满带，值班人员在此时期更是不能懈怠。一天晚上，正值李兴敏在#6 机监盘，每隔几秒钟他就迅速扫描一下所有的机组运行参数，突然他发现原本走直线的真空数值有点轻微抬头，这细微的变化引起了他的警觉，即刻喊人来查看系统运行状况。结果派出几批人都未能查出原因。时间一分一秒地过去了，#6 机真空不断下滑，眼看着 60 万的负荷就带不住了，大家都很着急，这下李兴敏坐不住了，猛然站起，让其他同事监盘，说了声我出去看看，就迅速跑出集控室……1 分钟，5 分钟，10 分钟之后，只见他满头大汗跑进集控室，气喘吁吁地说："热井水位计……泄漏，我……已经隔离了。"这时真空数值已经缓缓地恢复正常，大家都深深地舒了一口气，佩服他的技能娴熟、处理果断。

功夫不负有心人。由于他的勤学苦练，仅仅几年时间，他就从一个中专毕业生锻炼成了一名响当当的集控运行骨干，在同届毕业学生中脱颖而出。多年扎实的业务功底使他在工作中如鱼得水、游刃有余。他曾数次完成机组的启停操作及事故处理，避免了设备损坏及重大事故的发生。

【精神榜样】

由于李兴敏的勤学苦练，短时间内他就能脱颖而出。由此我们可以看出，勤奋可以让一个人的才能得到更好的彰显。曾经有首歌唱道："……不经历风雨，怎么见彩虹，没有人能随随便便成功……"平淡的语言，蕴含深刻的哲理，令人回味无穷。的确，没有人能够随随便便成功，除非他勤奋工作、努力奋斗、不懈追求，这样他也能最大限度地将自己的潜能发挥出来。

拼搏奉献写青春

【模范人生】

秦文贵生长于河北省平山县树石村，是恢复高考后村里的第一名大学生，被华东石油学院录取。1982年，21岁的秦文贵大学毕业后被分配到青海油田。位于青藏高原的柴达木盆地平均海拔2700米以上，"天上无飞鸟，地上不长草。风吹石头跑，氧气吃不饱"，自古以来就被视为生命的禁区。然而，秦文贵却凭着坚定的信念，从这里开始了从一名大学生向柴达木石油人的转变。

刚到井队上班，秦文贵从最基础、最细小的事情做起，扫钻台、擦机器、摆钻杆、打吊钳……穿着油污的工衣，整天干些琐碎的事情。碰上井涌，油水泥浆劈头盖脸浇透全身。要洗掉凝结在身上的油污，得先用汽油一遍遍地擦，擦得浑身火辣辣地疼，身上脱皮。第一次爬井架时，他站在5米高的钻台，上下望望，心里发颤。井喷压井，他和工人整整背了近万吨重晶石粉。

经历过这些磨难，队长对他说："不简单！你有多大学问，我们工人不管。你有再大的学问，也要先过这一关！"扛过了这些困难，也让他明白了一个道理：走在沙上，留下一串串清晰的脚印，可脚印很快便消失；想留下脚印，只有不停地走下去。他说："人生的道路虽然漫长，紧要处常常只有几步。为了这紧要的几步，根须扎深一点，赢得一片天地。""人生是在伟大的事业里永存的。"

从1982年到1999年，秦文贵将人生最美好的17年青春留在了柴达木。他当过油田技术员，也担任过钻井处处长，后来逐渐成了技术带头人。20世纪90年代，经过严格考试，他成为中国石油系统唯一人选加拿大国际发展署和外经贸部联合举办的人才培养项目的专业人才。

他先后主持完成了"狮子沟裂缝油藏综合研究""尕斯库勒油田开发井优化井身结构"等多项科研项目，推广应用了"U形解卡法""成像测井"等数十项新技术、新工艺，解决了大量生产技术难题，大幅度提高了钻井速度，使两个月打成一口井的梦想变成现实。1995年，他在尕斯油田处理技术套管事故时，提出了钻井简化套管程序的大胆设想。经过半年的苦心钻研，秦文贵和他的科技组完成了简化套管程序课题，并成功地打出了4口深开发井，节约钻井成本近700万元。

秦文贵不愧是当代青年的一面旗帜，早在1992年，秦文贵就获得了赴加拿大卡尔加里大学学习的机会。临行前，他来到冷湖烈士公墓，那里安葬着他敬重的师傅。走进公墓，那灰压压的一片坟茔，使秦文贵受到强烈震撼。为了祖国的石油事业，许多人把宝贵的生命永远地留在了那里。他在他们的墓碑前默默地站了许久，最后抓了把沙土用一帕白方巾裹好，深深地鞠了三个躬。

学习结束后，他谢绝了国外石油公司的高薪聘请，毅然选择了回到祖国，回到青海油田。谈起这件事，他说："青海油田派我出国学习，学习完毕回来是很自然的事情。我是青海油田的一分子，我对青海油田有感情，也肩负着责任。"2003年，他被调到了北京。"这是集团内部基于整体考虑作出的调动，虽然我对青海这片土地万般不舍，但无论在哪儿，我还是奋斗在我热爱的石油事业上。"

1999年4月28日，《人民日报》在一版刊发长篇通讯《拼搏奉献写青春——记青海油田高级钻井工程师秦文贵》，并配发评论员文章。《人民日报》评论员文章称，秦文贵扎根青海油田，以其学得的科学知识和青春热血，战胜了一个个常人难以想象的困难，攻克了一系列技术难关，为社会主义现代化建设作出了突出贡献，在报效祖国、报效人民的事业中走出了一条当代青年的成才之路。

【精神榜样】

艰苦奋斗、吃苦耐劳是秦文贵最闪亮的精神品质。秦文贵的先进

事迹和崇高精神，集中展现了当代青年奋发进取的精神风貌，是当代青年的一面旗帜，是当代青年学习的榜样。秦文贵这个先进典型告诉我们：青春最有生命力、创造力；困难是一所大学校，国家和人民的需要是一个大舞台。一个人的追求与国家和人民的需要结合在一起，就会产生巨大的力量，闪现绚丽的光彩。

"到生产一线去"

【模范人生】

43 岁的韩峰是中国石化集团齐鲁股份有限公司烯烃厂裂解车间主任、高级工程师。1989 年，韩峰从大连理工学院化学工程专业毕业，被分配到烯烃厂工作。当时厂里结合韩峰的专业知识决定安排他到厂设计所从事研究工作。但是韩峰认为只有生产第一线才是自己施展才华、实现人生理想的舞台，因此他向厂里主动提出了"到生产一线去"的请求。就这样韩峰来到了厂里乙烯装置的龙头单位——裂解车间工作。

在生产第一线韩峰找到了施展才华的平台，在这里努力钻研、奋斗进取，在技术上和生产管理上不断进步。1991 年年初，韩峰升任一线班长。韩峰不满足于技术上平稳的操作，开始通过将专业知识与生产实践相结合，探索解决生产难题之路。当时工厂使用的裂解炉废热锅炉是夹套式列管换热器，管间压力是 150 公斤，内管压力只有 0.7 公斤，韩峰结合自己所学的化工原理认为：这种巨大的压力差是不正常的，如果内管发生泄漏，150 公斤压力的锅炉给水将通过内管进入 800 摄氏度的裂解炉管，锅炉给水大量汽化，将会使裂解炉管炸裂，危害和损失不可估量。韩峰经过仔细研究撰写了一篇《废热锅炉内管泄漏事故预想方案》的调查报告上交车间。1995 年春天，在乙烯装置投产 8 周年之后，韩峰预料的事故在裂解炉上第一次发生了。由于发现及时，并按照韩峰编制的事故预案进行了果断处理，最终避免了一次上千万元炉管炸毁的恶性事故。

厂里对韩峰的知识水平和业务水平很看重，在 1995 年决定把韩峰调到公司计划处。尽管在外人看来这是一个好职位，而韩峰却深深怀念生产一线和那里的同事们。1996 年，当生产一线再一次需要韩峰时，他毅然决定："回一线去！"回到生产一线的韩峰潜心研究乙烯装置高产、稳产先进技术，连续攻克了"压缩机轴震动超标""冷箱冻堵"等多项关键设备技术难题，不断优化运行方案，深挖装置潜能，实现了装置高负荷运行。并先后主持和参与了十几个技术攻关项目，为企业取得了上千万元的经济效益，使齐鲁乙烯的生产水平在国内同行业中独树一帜。

20 年来韩峰从一名产业工人成长为一名年轻的技术专家，带领职工 3 次实现乙烯同类单套装置产量全国第一，4 年多产乙烯 34 万吨，装置由"2 年一次大检修"首次实现了"4 年一次大检修"，开创了国内乙烯装置边改造边高负荷生产的先河。

【精神榜样】

工作本身没有贵贱之分，再平凡的工作也能创造巨大的价值。假如一个人认为自己的工作太过平凡而轻视它，那么他绝对不会尊重自己。因为他看不起他所做的这份工作，所以总是感觉在工作中非常艰辛、烦闷，自然而然也不会把工作做好，最后只能沦为平庸。只有你尊重工作，认真地对待它，才会赢得别人的尊重和认同，才能获得工作给予你的回报，才能使自己在工作中不断得到成长，实现自己的人生价值。

跃立潮头唱大风

【模范人生】

工程师出身、戴着眼镜、气质儒雅的尹同耀喜欢穿工作服，他的交谈同样也不加修饰，坦荡直白。"奇瑞一定要做一个进攻型企业。我非常希望先进攻，而不是防守反击，要不就不干，要干就拼命往前冲。上量就没前途，不疯狂，就死亡！"就是这样一个"书生"，在短短数年时间里创造了一个中国汽车业的奇迹——在一片荒芜的土地上，建立起了年生产能力为 65 万辆整车和 65 万台发动机、40 万套变速箱的大型汽车工业基地，其打造的民族汽车品牌——奇瑞年销量已超过 35万辆，汽车出口连续 6 年稳居中国第一。如今，跻身中国轿车行业前五强的奇瑞汽车，早已成为中国汽车工业的一张"世界名片"。

以"聚集优秀人力资本，追求世界领先技术，拥有自主知识产权，打造国际知名品牌，开拓全球汽车市场，跻身汽车列强之林"为奋斗目标，尹同耀始终坚持科学发展观，带领一大批有梦想、有激情的奇瑞人，创造了中国汽车业的奇迹。

1999 年 12 月 18 日，第一辆奇瑞风云轿车驶下生产线。3 个月，造就一座现代化轿车工厂，这是世界汽车史上的奇迹！随着奇瑞的出现，中国汽车市场开始发生剧烈的变化——汽车高价神话的坚冰被打破了。

奇瑞的出现成为中国汽车行业一道标志性的分水岭，从此中低价位的车大量进入市场，"旧时王谢堂前燕，飞入寻常百姓家"……

民族汽车工业道路好比是攀登珠穆朗玛峰，南坡坡缓，好走一些，北坡陡峭，举步维艰。研发发动机，打造自主知识品牌的轿车，就是"爬北坡"。尹同耀迎难而上。

2005 年 3 月 28 日，奇瑞公司拥有 100％ 自主知识产权的第一台高性能发动机下线，这是中国汽车在核心零部件方面"零"的突破。一个中国汽车装配"中国心"、一个属于中国高性能发动机的时代从此到来。

奇瑞也成为世界汽车工业史上发展最快的企业。"世界著名汽车企业在'走'，而我们只有'跑'才能追得上！"的确，尹同耀走路速度之快，在奇瑞公司非常有名。许多员工几乎没怎么看过他走路，因为他们看到的都是他在跑步，从这儿到那儿全是一路小跑。是强烈的危机意识鞭策着尹同耀不停地向前跑，越跑越快，越跑越好。

漫漫历史长河，10 年只是短暂一瞬间。而尹同耀和他的奇瑞团队，敢于亮出自主创新的"利剑"，1996—2006 年为中国民族汽车工业史书写下了辉煌的一页。

【精神榜样】

在尹同耀的领导下，奇瑞公司发挥迎难而上、自强奋斗的精神，为中国民族汽车工业史书写下了辉煌的一页。企业尚且如此，具体到我们每一个人，也应该为实现心中的目标奋进不已，唯有如此，才能够自强自立于竞争激烈的现代社会，才会取得人生最终的成功。

青春在创造中闪烁

【模范人生】

袁朝新是北京矿冶研究总院冶金研究所金银研究组组长。已近不惑之年的他把当初只有他一人的研究组扩展到现在的几十人，短短几年时间把研究组收入从36万元增长到现在的几亿元。袁朝新带领的这支青年军，作风硬朗，敢打硬仗，在矿业开发的市场闯出了自己的一片天地。

1997年，袁朝新从中科院新疆化学所硕士毕业，来到了北京矿冶研究总院工作。但袁朝新分到的是金银研究所，他要面对的是有色金属冶金专业的工作，这与他学习的分析化学专业并不相符，有着很大的差距。面对困难袁朝新没有退缩，没有提出要转换岗位，而是拿出在学校里对待知识那种永不满足和不服输的干劲儿，一头扎进了新知识的学习中。为了迅速跨越专业上的鸿沟，袁朝新一边参加专题研究工作，一边利用一切时间进行专业学习，在入院不到半年的时间里，自学完成了机械制图、结构力学有色金属冶炼、热工原理等专业课程，成功实现了从理科到工科的跨越，完成了从学生到工程技术研究员的转变，开始有能力独立承担科研项目。

袁朝新深知我国矿冶技术与国际先进水平还有不小的差距，而且很多核心技术我国都没有自主知识产权。每每想到有色金属冶炼是国家的基础产业，袁朝新就感到身上的巨大责任。为此袁朝新认真搞科研，力主创新，以他为负责人或技术骨干开发出了具有我国自主知识产权的含砷处理金矿两段焙烧收砷提金技术，打破了国外对这项技术的垄断；他还在国内率先开发出原生金矿循环流态化焙烧提金技术，比传统工艺更高的提金回收率能够多回收 90 多亿元的黄金资源。袁朝新还参加开发了铜、钴、镍综合回收利用技术、研制高岭土外热式煅烧窑制造，无一不是为国家带来巨大的经济利益。2002 年以来他带领着研究小组开发技术应用项目十几个，产值达 50 亿元以上，为国家节省了大量外汇资源和建设投资。近些年，研究组的技术成果更是 100% 转化为工业生产，创造了巨大的价值。

袁朝新是青年知识分子成长的典范，是青年人学习的榜样，2005 年他被评为"中央企业年度青年岗位能手"。

【精神榜样】

在美国的得克萨斯州流传着一句谚语："湿火柴划不着火。"如果一个人发自内心地热爱自己的工作，并倾注全部热情，在那激情瞬间，一定能迸发奇迹的火焰！热情往往是一个人成长的最好助力。如果你能永远保持一颗热情之心，那么生活将会给你带来奇迹！热情让一个在平常人看来不可能实现的计划实现，让一个原本平凡的人变成了一个奇迹的创造者。一位哲人说过："人类历史上每一个伟大而不同凡响的时刻，都可以说是热情造就的奇迹。"

有技术才有底气

【模范人生】

邓建军是江苏常州黑牡丹（集团）股份有限公司总工程师。他在纺织机械领域成功解决了世界级的难题，被外国专家叹服为"中国功夫"。邓建军从一名中专毕业的电工20多年来不断开拓进取，成长为全国首批七个"能工巧匠"之一、全国职工职业道德建设"十佳标兵"。

1988年，19岁的邓建军中专毕业，来到常州黑牡丹公司做电工。然而现实的困难给自信满满的他带来了职业生涯的第一次重大打击：一天夜里，邓建军接到了车间打来的电话，一台由他负责保养的机器出现故障。邓建军立即赶到车间，经过几个小时的检测却仍然没有查到问题所在。面对工友们的质疑，邓建军不得不请来了一位老师傅，没想到老师傅只用了十几分钟就修好了机器。事后邓建军才知道因为这次机器故障时间太长，厂里损失了好几千元。这次的挫折让邓建军清醒了，他明白了：有技术才有底气，如果一名职工没有能力为企业攻坚克难，又怎能为企业发展出力呢？

为了尽快提高自己的业务水平，邓建军给自己订下了大强度的学习计划：每晚必须看一个半小时的技术书籍和有关资料。经过几年的刻苦学习，邓建军一共阅读了200多册专业书籍，获得大专学历并且继续攻读本科专业。本科毕业后他又用惊人的毅力学会了英语和德语。在学习书本知识的同时邓建军也加强了自己的实践技术，厂里1000多台机器设备的特点他全部烂熟于胸，对于可能出现的机电故障他全部研究出了相应的对策。

20 世纪 90 年代初期，我国传统的纺织业面对国际纺织市场的冲击失去了优势。邓建军的公司从国外引进了一批剑杆织机，准备转产国际上最优质的牛仔布。然而这些机器没有人会用，闲置一天就会有数万元的损失。邓建军知难而上从最基本的制图做起，每天蹲在机器边 14 个小时以上。1 台，10 台，50 台，邓建军终于征服了这些机器。这次维护改造的成功，使公司一跃迈上了世界牛仔布生产的大舞台。1996 年，公司从比利时进口了一批喷气织机。这些机械最关键的部位是一个如同肥皂盒大小的传感器，由于这是纺织机器的核心技术，在安装时外商拒绝提供这方面的技术资料。邓建军再次亲自动手进行研究，终于掌握了机器维修的方法，为公司节省了数十万元的维修成本。

20 多年来，邓建军先后参与了 400 多个技术改造项目，独立完成了 145 项。1999 年，公司成立了"邓建军科研组"，小组相继攻克了牛仔布的预缩率等世界性难题，使企业有效应用了世界牛仔布 18 项最新技术中的 15 项。

【精神榜样】

优秀的人并不是一开始就优秀，他们也同样经历过最初的平凡。优秀之人之所以变得优秀，就在于他们能不断地鞭策自己前进，让自己不断成长。我们总是说"发展才是硬道理"，对于一个人来说"成长"同样也是"硬道理"。我们在开始的时候都是平凡的普通人，只有通过不断进取、不断完善自己，使自己更快更好地成长起来才能成就卓越。

 "让我试一试"

【模范人生】

　　"有一个李斌，我们工厂就可以起步，有十个李斌，企业就能振兴。"这是李斌所在工厂老厂长俞云飞的由衷感慨。

　　李斌是上海电气液压气动有限公司液压泵工段长，曾五次被评为上海市劳动模范，两次荣获全国劳动模范和全国五一劳动奖章，先后获得过全国十大杰出工人、中国青年五四奖章、中华技能大奖、全国知识型职工标兵、全国十大高技能人才楷模、上海市优秀共产党员等称号，并光荣当选党的十六大、十七大代表。

　　1980年，李斌从技校毕业，来到液压泵厂当了初级工，那时的工厂设备陈旧，生产低迷。面对经济不景气的工厂李斌为自己定下了"普通工人也有振兴液压泵厂的责任"这样的决心。李斌在师傅的教导下从学习、钻研技术起步，仅用了1年多时间就初步掌握了车、钳、磨、铣等金属切削加工技术，随后又掌握了机械、工装、维修等多项技术。

　　李斌不仅注重实践中技术的学习和提高，而且还特别注重技术理论知识的积累。李斌利用业余时间自学高中课程，并于1982年考取了上海电视大学，用3年时间完成了机械工艺与设备专业的学习。1986年3月，李斌被选派到德国海卓玛蒂克公司的瑞士分公司培训。他利用这个机会收集了4厚本的数控机床调试资料，将每道工序、步骤都熟记于心。1988年，当李斌再次出国学习时，他表现出的技术水平深得外方赞赏，被破例聘请成为这家公司的第一个中国编外调试员。

　　李斌始终坚持立足生产第一线，不断学习当今数控科技领域新技术。"让我试一试!"已经成为李斌在面对困难时的口头禅。多年来，在李斌的带领下，共完成数控编程1600多个，工艺改进230余项，直接创造经济效益1000万元。以李斌名字命名的上海电气李斌技师学校成为培养高技能人才的基地，已培养了5800名学员。他近年无偿授课1950小时，并通过"李斌师徒网站"使大批技术工人成长。

李斌进厂近30年，通过不断学习和实践，从一名初级技工成长为一位专家型的技术工人。如今依然奋战在生产一线攻克技术难关的李斌充满自信地说："知识使我们工人更有力量，我们将尽力为企业做得更多、更好，使我们的国家发展得更快!"

【精神榜样】

同学们，无论你们将来从事什么行业，普通工人、推销员，或者是一个电脑程序员、一个建筑工程师，都要通过专业技能这块敲门砖来打开通往成长的大门。简而言之，任何人都不可能脱离专业技能而空谈成长，每个人都要使自己的专业技能精益求精，才能成为本行业的尖兵。所以从现在开始，同学们就应该广泛学习，不断积累知识，提高自己的综合素质，为将来走向事业的成功开辟一条康庄大道。

生命因拼搏而精彩

【模范人生】

张克1965年出生于河南唐河。1990年，在市十一中当了7年教师的他以优异成绩被农行十堰市分行统招为代办员。张克被农行茅箭支行派到条件较为艰苦的陈家岗分理处，负责该处的工作。

陈家岗分理处位于东风公司车桥厂区内，这里盘踞着工行、农行、建行三家银行的5个网点。厂区的金融市场十分平静。张克通过深入的市场调研和分析后认为：要想在车桥厂的金融市场占有一席之地，必须做到"既抱西瓜，又捡芝麻"，搞好优质服务。

起初，东风公司车桥厂与农行此前没有发生过信贷资产业务。为与该企业建立合作关系，张克从点滴入手为企业开展服务。1999年，张克得知车桥厂将派人赴山西开促销订货会后，主动与企业沟通，带队到订货会现场为企业服务。2000年，该企业上马一个项目，因流动资金不足，向他行申报贷款，但得等一个月时间。张克急客户之所急，一周内将200万流动资金贷款划到企业账上。从此，该企业与分理处建立起良好的合作关系。正是有了这样的优质服务，分理处存款年年创新高，每年增加存款近900万元。

2001年9月的一天，张克被诊断患上不治之症——肝癌。诊断结果出来时，他的大脑一片空白，但他旋即意识到：作为一名党员，作为儿子、丈夫和父亲，我不能消沉，我没有权力放弃生命！只要有1%的希望，就要尽100%的努力活下来。

生命属于自己的时间不多了，张克更加热爱自己的工作。他告诫自己：活一天，就要拼搏一天，就是死，也要倒在工作岗位上！

同年9月，医生为张克做了肝脏癌变部分切除手术。为了尽快恢复身体健康，早点回到同事们中间，他在多种治疗方案中选择了将医院"背"在身上——在胸腔安装化疗泵进行恢复性治疗。病情稍稍稳定，他就找到领导，恳切地说："分理处人少事多，作为一名共产党员和分理处主任，我不能眼见着同事们超负荷工作而无动于衷。再说，上班时忙忙碌碌，没有时间胡思乱想，反而对我的病有利。"就这样，张克又回到了他朝思暮想的工作岗位，和同事们一起为客户收款、进账、兑换零币……

4年来，张克拖着病体，带领他的团队不断取得新的业绩，其中他个人组织存款近2000万元。

【精神榜样】

张克的生命在拼搏中迸发出了光彩，这告诉我们激情胜于才干！激情是积极的能量、感情和动机。它是火花，激励我们在精神上做好准备去实现我们的目标和梦想；它是一种能源，当我们感到进展不顺或一筹莫展时，推动我们继续前进。

满怀激情就是对事业的全身心投入，换句话说，就是对事业的"疯狂"追求，内心始终涌动着一股"疯狂"的激情。其实，每个人都有激情，只是有的人把激情隐藏在恐惧之后，不敢大胆地去行动和努力。这些人需要明白，激情才是实现理想最有效的动力。

敢笑天下第一流

【模范人生】

　　王启民，男，1937年出生，汉族，浙江省湖州市人，中共党员。1960年，大学毕业的王启民一到大庆，就和同事们在"干打垒"的房门上贴了一副对联："莫看毛头小伙子，敢笑天下第一流"，横批是"闯将在此"。王启民清楚地记得，他在北京石油学院读书时，公共汽车顶上背着个大煤气包。当时，中国正是最缺油的年代，全国原油产量还不到400万吨。23岁的王启民，怀着摘掉祖国贫油帽子的豪情壮志，奔赴大庆。

　　油田开发初期，国内没有大庆这种大型陆相砂岩油田开发的经验。"有些外国专家从大庆撤走的时候说，中国人靠自己的力量开发不了这么复杂的油田。这种藐视激发了我们的自立精神！"王启民说。大庆油田人不信邪，在极为困难的条件下，用3年时间就拿下了油田。1963年，大庆油田生产规模达500万吨，在全国人大二届四次会议上，周总理向全世界宣告，中国基本实现了原油自给，石油落后的帽子被彻底甩掉了！

　　20世纪60年代，"温和注水"是国内外油田普遍采用的开采方式，但是大庆油田的"温和注水"方法遇到了麻烦。注水仅3年，采收率就下降到5%，油田被"水淹"了一半。王启民受命查找原因。那是1963年冬天，王启民把即将分娩的妻子陈宝玲送上回娘家的火车，自己一头扎进试验区。

　　王启民提出一个大胆的构想，他认为大庆油田地下油层厚薄不均，应当采取"高效注水开采方法"——这是对"温和注水"理论的颠覆。王启民在一口已经废弃的油井上开始一次次的试验。终于，这口井的日产量迅速回升。此后，一批油井转而成为百吨高产井。

20世纪70年代，由王启民主持进行的"分层开采，接替稳产"开发试验，使大庆油田水驱采收率整体提高了10%～15%。20世纪90年代，他组织实施的"大庆油田高含水期稳油控水系统工程"结构调整技术，使大庆油田实现了3年含水上升不超过1%。与国家审定的开发指标相比，5年累计多产原油610多万吨，增收节支150亿元。

40多年来，王启民先后主持了大庆油田8项重大开发试验任务，参加了40项科研攻关课题和油田"七五""八五""九五"开发规划编制研究等工作。他的辛勤工作，为大庆油田创造了巨大的经济效益，仅"表外储层"开发研究成果，就相当于为大庆增加了一个地质储量7.4亿吨的大油田，按2亿吨的可采储量计算，价值2000多亿元。

王启民曾说："一个人生命的价值不在于你拥有了多少，而在于你奉献了多少。""什么时候精神都不能趴下。咬牙挺过来，人生和科研都会出现新天地。"在他试验"高效注水开采方法"时期，连续多年的高强度野外作业、冰雪严寒，让王启民这个生龙活虎的汉子、曾经的国家三级运动员患上了严重的类风湿性强直性脊柱炎。

完成任务回到家中，妻子几乎认不出他了。"路也走不动了，腿也迈不开了，坐那儿就起不来了。"王启民回忆说。但是，仅仅住院治疗了一个多月，王启民就重新回到了工作岗位。与之前不同的是，他的脊背佝偻着，而且再也没有直起来。

2009年9月26日，这一天是大庆油田发现50周年纪念日，也是王启民72岁的生日。古稀之年的王启民依然活跃在工作岗位上。"我虽然是'70后'了，如果身体允许，我还要再干20年！"王启民说。

【精神榜样】

推进科技进步和创新，同样需要艰苦奋斗的精神。艰苦奋斗绝不只是一种工作作风，更是一种精神、一种追求、一种境界。只有艰苦奋斗的革命精神与坚持科技进步和不断创新的有机结合，才是真正的新时期的"铁人精神"。王启民在攀登科技高峰中所取得的辉煌，不也是凭着"恨不得钻到地下把油层搞清楚"，立志"跨过洋人，敢为天下先"的豪情与奋斗取得的吗？

第四章

业无高卑志当坚

服务好乘客是我分内的事

【模范人生】

刘俊华是一名普通的北京公交车售票员，卖车票、报站名是她的工作，但她却拥有"北京市优秀共产党员""北京市十大杰出青年""全国劳动模范""优秀共产党员十大英才"等荣誉称号，还获得了全国五一劳动奖章！

刘俊华曾经是一名下岗女工，1999年8月，她成了718路的一名乘务员。刘俊华说："珍惜自己的工作，才能以满腔热情去投入；珍惜自己的工作，才能积极主动付出心血与努力；珍惜自己的工作，才能以精益求精的态度把工作做得尽善尽美。"

38.04公里，在外地这几乎是两个城市之间的距离，但这却是她工作的718路公共汽车的路线：东起康家沟，西至人民大学，北到颐和山庄，从京城东南部一直连到西北部。而她却利用休息时间徒步走完了这38公里内的每一车站，一步步数到商场、医院，计算出走的时间和距离。只要发现有新的线路开通她就乘车走访调查一次。年年增加新内容，以便能够为乘客提供快速、详细、准确的出行服务。

一次，几位外地农民工乘坐刘俊华的车，其中一位因生病晕车呕吐，刘俊华并没有嫌脏嫌乱，在安慰农民工和其他乘客的同时，尽快指引他们到最近的医院治疗。回来后，刘俊华反省自己，应该多观察乘客，发现有生病晕车的及时给予帮助，不至于影响其他乘客的出行。

刘俊华说："我尽量根据各种天气、车况和路况来调整自己的服务。比如天热时人们心浮气躁，我就宣传有序上下车、文明乘车，把宣传做到位，避免冲突。"

为了给乘客创造良好的乘车环境，她坚持每天提前半小时到车队，将车厢打扫干净；为乘客准备好一次性雨具、方便袋、交通图等物品，让每位乘客都有上车如到"家"的感觉。

刘俊华始终如一地微笑面对乘客，在乘客中赢得了服务优秀的口碑。每当刘俊华走进十米车厢，总是要求自己保持一种最佳的精神状态，使乘客上车后第一眼看到的就是她温馨、真诚的笑容。

参加工作以来，刘俊华所在车组收到表扬信、表扬电话 800 余件，她本人荣获各种奖励和荣誉称号多达 25 次。正是由于企业的教育培养以及自己的不懈努力，使她从一名下岗职工成长为再就业明星。

【精神榜样】

拿破仑·希尔博士曾说："要想获得这个世界上的最大奖赏，你必须拥有过去最伟大的开拓者所拥有的、将梦想转化为现实价值的献身热情，以此来发展和销售自己的才能。"成功的人和失败的人在技术、能力和聪明上的差别通常并不很大，但是假如两个人各方面都差不多，具有热情的人将更能如愿以偿。激情就是一个人保持高度的自觉性，以执着必胜的信念、真挚深厚的情感，投入到他所从事的事业中，并为此而不懈努力、奋斗！

烈火丹心铸警魂

【模范人生】

哪里有险情，哪里就有他的身影；哪里有危难，哪里就有他的足迹。在人民群众遭遇危难时，他和他的战友们总是第一时间赶赴现场，担负起保护国家财产和人民生命安全的责任。他就是甘肃省武威市消防系统内唯一获市级劳动模范荣誉的市公安消防支队支队长王鹏伟，一位有着30年军营生活的消防官兵。

抢险救灾是消防战士义不容辞的责任。2006年2月14日凌晨，国道312线永丰路段，一辆由兰州开往张掖的客车与一辆货车相撞，致使客车翻入4米深的路基下，急需抢救。接到报警后，王鹏伟迅速率领30名官兵，冒着大雪奔赴现场进行救援。到达现场后，驾驶员满脸是血被倒挂在驾驶室内痛苦地呻吟着，车内乘客哭喊着向外求救。王鹏伟立即组织人员撬开车窗，实施破拆救人。为了让受伤人员得到及时救治，王鹏伟一面组织救人一面通知在队值班的副支队长翟卫军带领6名官兵前往医院协助救治，使65名乘客一个不少地被送往市区两家医院进行紧急救治。

2006年4月28日，武威市全圣集团纸业公司草料场发生火灾，当时大风伴着沙尘，风力7～8级，顷刻间26400平方米的草料场一片火海。119指挥中心接到报警后，王鹏伟立即带领支队60余名官兵，出动7台水罐消防车赶往现场。在距离现场还有近2公里时就看见火光冲天。当时王鹏伟深感事态的严重性，他立即向相关市领导汇报，请求各方支援。作为一名指挥员，他身先士卒，带领战友们一起冲入火海，采取堵截包围、逐片消灭的战术进行灭火。冒着大火的炙烤和呛人的浓烟以及沙尘的袭击，在经历 21 个小时的艰苦鏖战后，消防官兵与前来支援的部队官兵、当地群众一起将大火牢牢控制在草料场以内，保护住了办公大楼及附近村庄。事后，支队被武威市委、市政府授予"抢险救灾模范单位"荣誉称号。

王鹏伟说："作为一名消防军人，必须树立使命高于一切、责任重于泰山的坚定信念。只有国家和人民生命财产安全有了保障，经济才能迅速发展，国家才能富强，人民生活才会更加安康！"

【精神榜样】

王鹏伟在烈火中锤炼着自己作为一名警察的职业素养，他的赫赫战绩为社会瞩目，正是因为他具有一种崇高的使命感，他对工作始终保有一种激情。生活中、工作中永远不要畏惧激情，如果有人以半嘲讽、半轻视的语调称你为狂热分子，那么就让他们这么说吧。一件事情如果在自己看来值得付出，那么，就把你能够发挥的全部激情都投入到其中去吧，至于那些指手画脚的议论，则大可不必理会。

不排除险情决不收兵

【模范人生】

官国新，广州市煤气公司抢险队队长。18 年来，他带领全队不分昼夜地奋战在煤气抢险第一线，共完成煤气抢险任务 5800 多宗，以 100% 的抢险及时率、零死亡的煤气事故纪录，确保了城市和人民群众的生命财产安全。

在同事的印象中，官国新自从担任了抢险队队长后，他的时间表里就不再有节日和平日之分。18 年里，"闻险而动"成了他的习惯。

有一年的除夕之夜，在连接气源厂进入市区的唯一一条煤气主干管道上，发生了煤气泄漏，不但影响到全市客户春节用气，处理不当还有可能酿成重大的安全事故。官国新和队友们顶着恶劣天气，全力投入抢险，在 300 米长的地面上来回细心搜索，到次日晚上 7 点，终于找到了漏气处。官国新冒着冷雨钻到冰凉的管道下，在湿冷的泥浆地上进行焊接作业……足足苦干了 30 个小时，终于排除了险情，恢复了正常供气。

"我们队长已经连续 6 年没在家过上完整的春节了。"官国新的队友感叹，"有一年的春节，他正骑着摩托车带着妻儿赶往父母家吃团圆年饭，半路接到险情报告，二话不说，放下大嫂和儿子，调转车头飞奔事发现场……"

2004 年 12 月 30 日，在组织广州市某大厦煤气事故抢险时，官国新接到母亲去世的噩耗。他把痛苦深深地埋在心底，奋力投入到煤气抢险中。当煤气管网得到安全控制时，正在举行 20 万人迎新年倒计时活动的中华广场又发生煤气泄漏险情……当他跪在母亲遗像前时，已经是母亲去世后的第二个凌晨了。

一次，煤气主干管道需要换阀，施工作业有一定的危险，官国新当仁不让第一个下井作业。不料作业过程中原本已关闭的阀门突然被气流冲开，压力强大的煤气将他撞晕了过去，当他被救上来时皮肤因中毒已开始变了颜色，经过抢救他醒了过来，当他看到其他同事有些后怕的神情时，反而安慰他们，并坚持留守在施工现场，继续指挥作业。

【精神榜样】

著名的人文学者马斯洛认为，一个人只有在追求"自我实现"的时候，才会迸发出持久强大的热情，才能最大限度地发挥自己的潜能，最大限度地服务于社会。官国新几十年如一日奋战在煤气抢险第一线，舍小家为大家，牺牲了个人的幸福却毫无怨言其根本原因是他热爱自己的工作，他在奋斗中获得了极大的社会认同和自我实现，最终在奉献社会的同时收获了人生的幸福。

水文站长的哨所生活

【模范人生】

1990年的春天，28岁的土家姑娘胡雪霜告别了讲台，走进了石门县所市水文站。

所市水文站位于湖南省石门县西北乡，是湖南省最北、位置最偏远的测站，距离石门县城有170多里路程。水文站和缆道房建在高高的溇水河岸上，像一个小小的悬崖哨所。脚下就是百尺悬崖，悬崖底下则是幽深的溇水和水位观测码头。

在进站的一刹那，她傻眼了，这哪是想象中的国家单位，分明就是悬崖峭壁上的一个哨所。现实与理想的差距，再加上专业上不对口，出身于水文世家的胡雪霜犹豫了，走还是留，她陷入了哈姆莱特式的彷徨，是父亲的一席话让她彻底打消疑虑，在这个小镇安顿下来。

为了尽快适应工作，胡雪霜坚持不懂就问，拜能者为师，师傅搞观测、架仪器时，总是紧随其后，仔细看、大胆问、经常练。在工作之余，她还找来了有关水文知识的书籍、规范和技术文件，一看就是三四个小时，"仪标水尺长相伴，孤灯陋室一条船"就成了她工作与生活的真实写照。在很短的时间内，她就成为水文站的业务骨干，并于1994年被任命为所市水文站站长。

担任站长的第一年，由于测验数据出现了一些失误，测验资料质量被评为不合格，这一结果让胡雪霜非常惊讶，自信心没有了，情绪也一落千丈，在市局开完资料整编会后，她找到领导，表达了自己不想当站长的想法。领导意味深长地说，不积跬步，无以至千里，不积小流，无以成江海，每个人都会有一个成长的过程，在这个过程中，最怕的不是面对失败，而是怕被自己打败，并仔细帮她分析失误原因，指出解决问题的办法。这一次经历，使胡雪霜逐渐懂得仅靠个人的热情和干劲是远远不够的，作为站长，应该考虑到自己首先能做什么？又该做什么？

1997 年 8 月份，水文站一名职工要去参加函授面授，另一名职工要去湘潭参加青工培训，胡雪霜的丈夫又在石门县医院进修。8 月份又是主汛期，一位女同志，一个人伴着深夜河水的咆哮声，在这偏僻的地方守着，关门闭户都有些害怕，更何况下雨天还要起来看水位，20 多天的时间，她一个人就这么挺过来了，出色地完成了测报任务。

胡雪霜担任站长以来多次受省水文局嘉奖。2007 年 3 月，被评为湖南"十大杰出女性"。

【精神榜样】

伟大人物对使命的激情可以谱写历史，普通人对工作的热情则可以改变自己的人生。的确，拿出 100% 的热情来对待 1% 的事情，而不去计较事情是多么的"微不足道"，你就会懂得，原来每天平凡的生活竟然是如此的充实和美好。对于每个人来说，热情就如同生命。凭借热情，我们可以释放出潜在的巨大能量，激发出一种坚强的个性；凭借热情，我们可以把枯燥乏味的生活变得生动有趣，使自己充满活力。

中国女排五连冠群体

【模范人生】

1981 年 11 月 6—16 日，第三届世界杯女子排球赛在日本东京举行。中国女子排球队在领队张一沛的率领下参加了本届世界杯的比赛，参加的教练和运动员是：袁伟民、孙晋芳、邓慧芳、杨希、周晓兰、郎平、陈亚琼、陈招娣、朱玲、梁艳、张洁云、周鹿敏。中国女子排球队和来自巴西、苏联、保加利亚、古巴、韩国、美国、日本 7 国的世界女子排球劲旅进行了 11 天的角逐。

在先后战胜巴西、苏联、韩国、美国和古巴后，中国女排经过激烈争夺，最后以 3∶2 战胜了上届冠军日本队，以七战七捷的成绩首次获得世界冠军。中国教练袁伟民与运动员孙晋芳、郎平分别获得最佳教练员奖、最佳运动员奖、二传奖和优秀运动员奖。这是中国在世界篮、排、足三大球的比赛中取得的历史性的突破，第一次荣获世界冠军的称号。当天，国务院电贺中国女排。

1982 年，世界锦标赛在秘鲁举行。中国女排在小组预赛中以 0∶3 输给了美国队。当时的规则与现在的有所不同，预赛的成绩将被带入后面的赛事。中国女排当时唯一能做的事情，就是在后面的 6 场比赛中全部都以 3∶0 获胜，寄希望于最终能以小分的优势重新获得争夺冠军的资格。

为国争光的强烈愿望激励着中国姑娘，她们毫不气馁，顽强拼搏。奇迹真的就发生了，中国女排在后面的 6 场比赛中，场场均以 3∶0 获胜。中国女排不仅首次获得世界锦标赛冠军，而且以 6 个 3∶0 的强势姿态展示了自己的超一流实力，宣示了一个新的世界霸主的到来。

1984 年的洛杉矶奥运会，尽管两夺世界冠军，中国女排还是面临着巨大的挑战。队伍自身新老交替后的阵痛、美国女排的虎视眈眈、日本女排的跃跃欲试，这一切都注定了中国女排奥运之行必将困难重重。虽然苏联、古巴和东欧集团没有派队参赛，但世锦赛的前四名中国、秘鲁、美国和日本悉数亮相。

中国队在小组赛中先后以 3：0 轻松击败巴西和联邦德国，却因为压力过大、急于求成以 1：3 负于最主要的竞争对手、东道主美国队。此战的失利迫使中国女排在半决赛中不得不遭遇实力较强的日本队，好在中国队准备充分、士气高昂，以 3：0 击败对手，顺利晋级决赛。

中美之战可谓惊心动魄，首局比赛中国队在最后时刻凭两个神奇的发球以 16：14 险胜。首局落败使得美国队阵脚大乱，中国队乘胜追击，以 3：0 完胜，不仅赢得了奥运冠军，同时实现了三连冠的伟业。

1985 年，在第四届女排世界杯，中、日女排比赛是本届世界杯赛的最后一场比赛。战局拉开后，日本队在观众的声援下发挥不错，顶住了中国队的重扣，以 5：3 领先。面对代代木体育馆内 1 万多名观众为东道主加油的叫喊声，以及日本队的顽强奋战，中国队沉着镇静，最终战胜了对手。中国女排以七战全胜的成绩再次荣获世界冠军。

1985 年 11 月 20 日，中国女排队长郎平从国际排联主席阿科斯塔手中重新接过 12 天前刚交还给他的世界杯赛的冠军杯。中国女排成为世界排球史上第一支连续四次夺得世界大赛冠军的女队。

1986 年，中国女排出征捷克斯洛伐克，征战第十届女排世锦赛，并在决赛中以 3：1 战胜古巴女排（第一局 15：6，第二局 15：7，第三局 10：15，第四局 15：9），以 8 战 8 胜的出色战绩蝉联冠军，享有"五连冠"殊荣，成为世界排球史上第一支获得"五连冠"的队伍。

中国女排完美地诠释了顽强拼搏、团结奋斗、无私奉献、为国争光的中华体育精神。中国女排夺冠后，五星红旗一次次升起、国歌一次次奏响的场景，让中华儿女热血沸腾。一时间，各行各业掀起了学习女排精神、发扬女排精神的热潮，"团结起来，振兴中华"的口号响彻神州大地。中国女排精神，正是中国精神的缩影。中国人民被巨大的胜利所鼓舞，一个崭新的中国昂然屹立于东方！

【精神榜样】

　　女排精神曾是时代的主旋律，是我们中华民族精神的象征，影响了几代人积极投身到改革开放和社会主义现代化建设的伟大事业当中。女排精神不仅成为中国体育的一面旗帜，更成为整个民族锐意进取、昂首前进的精神动力。中国女排五连冠群体为我国体育事业和社会主义现代化建设做出了重要贡献。女排精神至今仍然激励着中华各族儿女不断奋发向上、追求卓越。

 祖国的绿色种子

【模范人生】

王有德，男，1954年出生，回族，宁夏回族自治区灵武市人，中共党员。1985年3月，30岁的王有德调任白芨滩林场副场长。白芨滩林场建于1953年，位于毛乌素沙漠的西南边缘，是阻止沙漠向宁夏首府银川和黄河推进的一道屏障。进入20世纪80年代，计划经济体制的粗放管理和陈旧观念让林场的林业生产徘徊不前，林地沙化严重，职工年收入只有几百元。

"那正是改革开放的起步年代，不改革就没有出路!"王有德力排众议，开始了改革：压缩非生产人员，精减后勤管理人员；实行工效工资；将全场林业生产任务分解承包到职工手中自己完成，让工人干自己的活，挣自己的钱。改革当年，全场完成造林5093亩，减少抚育成幼林费用2.5万元，实现纯收入9万多元。

治沙需要很大的资金投入。王有德带领全体职工，利用长年治沙练就的林业技术，成立公司参与绿化招标。1994年，林场成立专门承揽绿化工程的添保治沙公司，每年创收200多万元；1998年，林场成立灵武市第一家股份制公司，当年就实现利润分红20%……20多年来，王有德和职工们共完成治沙造林45万亩，控制流沙面积58万亩，建设沙地果园4000多亩，兴办5个多种经营公司，建立1000余亩苗木花卉培育中心，对外承揽100多处绿化工程，创收1亿多元。

他们以每年治沙造林2万亩的速度，在浩瀚的毛乌素沙漠西南边缘，筑起了一道东西长45公里、南北宽10公里的绿色屏障，创造了世界治沙史上的奇迹。2007年4月，王有德被全国绿化委员会、人事部、

国家林业局授予"全国治沙英雄"称号，成为新中国成立以来全国第二个获此殊荣的治沙人。

王有德刚开始担任副场长时，工人住的是能望见天的土坯房，吃的是粗茶淡饭，穿的是破衣烂衫，有的家庭连电都用不起。如今，在毛乌素沙漠边缘的荒漠地区，公路上不见了清沙车，风沙蔽日变成了清风徐来，漫漫黄沙被厚密的青草牢牢锁压。昔日的沙漠前沿地带，如今变成了林场腹地，树林中间处处是由日光温棚、养殖园区构成的田园风景。在大泉管理站，一排排亮丽的二层别墅掩映在绿树鲜花之中。电视电话、上下水管道、太阳能供热等一应俱全。

林场至少有 1/3 以上的职工年收入达到 10 万元。林场许多职工除了在林区拥有一套别墅外，还在市区买了商品房。在王有德的带领下，白芨滩林场下属的 5 个管理站都铺上了柏油路，喝上了自来水，架设了输电线路，看上了电视，装上了电话。职工人人都有养老保险和医疗保险。此外，林场还在城里盖起了退休楼，将一些长期工作在沙区的老职工搬进城里，解决了他们就医看病难、儿孙上学难的问题。

当一些人钟情治沙，却陷入"生态富有、经济贫困"的境地时，为何这边风景独好？这都得益于王有德制定了"以林为主，以副促林，多种经营"的工作思路。林场建起了柳编厂，发展了机砖厂，搞起了绿化公司。由于自身有了"造血"功能，林场鼓励职工走综合发展之路，通过采取小额贷款发展养殖业、实行果树转让承包经营制、苗木培育股份制等措施，实行种植、养殖业与经果业的联动互补、循环利用，让职工成为生态建设的受益者。

随着年龄的增长，王有德劳动时明显感觉力不从心。20 多年的关节炎让他的步履看起来有点怪异；坐骨神经痛发作时，王有德晚上睡觉只好跪在沙发上。下基层时，王有德戴了一副左边没有镜片的近视镜，他的左眼已经接近失明，他说："左眼已经提前下岗了，看什么都是一片片的，模糊不清，现在基本不用这只眼睛看东西。"

王有德说："我治沙取得成果的每一步，都是伴随祖国不断进步而取得的。我要做祖国的一粒绿色种子。""两种工作不能推脱：一种是必须做的；一种是自己喜欢做的。""防沙治沙，既是我喜欢做的，又是我必须做的。""只要有力量，只要能动弹，就要种树、治沙。如果有一天不能劳动了，还可以到处走一走、看一看，沙海中总有我的工作……"

2008 年 7 月 1 日，作为 2008 年北京奥运会宁夏银川传递的最后一棒火炬手，王有德在万众瞩目中点燃了圣火盆。"奥林匹克精神是'更快、更高、更强'，作为老林业工作者，我会积极发扬奥运精神，让治沙造林的速度更快，质量更高，势头更强，以实际行动支持绿色奥运。"王有德的话铿锵有力。

【精神榜样】

王有德之所以被称为英雄，与他治理沙漠的奉献精神和卓越的贡献是分不开的。"敢立潮头搏巨浪，甘作劲草迎疾风。"这就是王有德 20 多年治沙造林工作历程的真实写照，也是一个共产党员勇于拼搏、无私奉献的灿烂人生。有位哲人曾经说过："凡走过，必留下痕迹。"无数点点滴滴的痕迹组合在一起，就是一道人生的轨迹。王有德扎根荒漠 20 多年，与黄沙作战，与恶劣的自然环境抗争，吃苦耐劳，拼搏奋斗，在平凡的工作岗位上走过了一段不平凡的人生历程。

永争第一的飞行员舰长

【模范人生】

已近知天命之年的柏耀平是海军大连舰艇学院原副院长兼训练舰支队支队长，我国首批"上天能驾机，入海能操舰"的"飞行员舰长"。

柏耀平1980年9月入伍，17岁的他成为航空兵预备学校的一名学员；第二年他成为第一批放单飞的学员；21岁，柏耀平实现了自己的梦想——一员歼击机飞行员；两年之后他已经熟练掌握4个机型的操作，并且具有在3种气象条件下飞行的能力。就在柏耀平准备为我国的空军挥洒自己的青春热血时，一个更艰巨的任务摆在了他的面前，而柏耀平听从了党和国家的召唤，开始了自己事业的新篇章。

当时我国正在计划从空军中选拔一批优秀飞行员培训成为舰长，加强海空综合作战能力。1987年8月，柏耀平成为海军"飞行员舰长班"首期学员；1991年，柏耀平以总分第一名的成绩毕业；1994年，32岁的柏耀平成为国产新型导弹护卫舰舰长，真正成长为了新一代的"上天能驾机，入海能操舰"的复合型舰长。1995年10月14日，柏耀平率舰参加海上演习，创纪录地完成了舰载对空导弹双发齐射直接命中目标。

不论是作为飞行员还是成为舰长，柏耀平始终注重对现代军事理论和技能的学习。他把目光瞄向现代军事发展前沿，刻苦学习电子、光学、机械、制导等学科的高科技知识，撰写的论文在业界引起重视，他和战友们总结完成的40多种战斗部署，有的被海军颁布实施，为新型舰艇缩短战斗力形成周期作出了富有成效的探索。柏耀平还曾率领

542 舰，加入中国海军舰艇编队出访美洲 4 国和东南亚 3 国，夜闯马六甲海峡的"一拓险滩"，显示了人民海军的精神风貌。

从优秀飞行员成长为新型复合型舰长，柏耀平勇敢地面对困难、面对新技术革命的挑战，他是优秀的人民子弟兵。

【精神榜样】

柏耀平的事迹启示我们：对待事业应该有一种追求完美、永不满足的精神。在生活中一些人之所以被挫折击败，主要原因之一就是他们在潜意识里认为自己是可以被打败的。克服困难的一个最大的诀窍，就是在心理上永远不会被打败，相信自己可以击败困难，这样才能在逆境中寻找到出路。想要做到这一点，你的心理及精神就要不断地成长，要在心灵方面茁壮成长，就必须比所遇到的困难更强。

把简单的事情做好就不简单

【模范人生】

藏北草原的 6 月，夜晚依然是刺骨的寒冷。在西藏自治区那曲地区索县亚拉村的一块草坝子上，珠桑一边放着"八荣八耻"的藏文幻灯片，一边拿着话筒向围坐在草场上的藏族百姓进行着讲解。为电影当"翻译"，珠桑已经做了 17 年。

出生于 1970 年的珠桑，1989 年参加工作，1993 年入党，是西藏自治区那曲地区索县电影队的放映员，负责索县热瓦、若达和赤多三个乡镇 28 个放映点的电影放映工作。那曲地区的索县地处藏北高原和藏东谷地接合部、怒江上游索曲河流域，平均海拔在 4100 米。这里江河交错，冬长夏短，交通极不便利。珠桑从事电影放映员近 20 年来，在这高山峡谷中已经累计行走了近 30 万公里，每年为基层干部群众放映电影 200 多场次，累计已经放映了 4000 多场，被乡亲们亲切地称为"电影珠桑"。

电影放映看似简单，其实需要很高的技术，可是文化水平不高的珠桑却做到了每场放映万无一失。为此，珠桑认真地学习电影放映知识以及设备操作、维护技术，不断地提高自己的技术水平，并且在每场放映前都结合电影内容认真地调试设备，使放映能够顺利地进行。

由于当地农牧民中能识藏文、懂汉语的人不多，并且当地方言与拉萨话有一些差别，文化差异大。虽然很多电影都翻译成了藏语，但很多百姓对电影的内容还是较难理解，特别是一些科技知识。针对这种情况珠桑就开始了自己"翻译"电影的生涯，一边看电影一边用通俗易懂的语言转述电影的内容。为了做好这个工作，珠桑自费买书买资料，通过自学基本上都对百姓的问题有问必答。当地百姓亲切地称珠桑为"咱们的翻译官"。

"放电影不仅是活跃农牧民业余文化生活，更重要的是要把党的政策、把党的阳光送到农牧民的心坎里去。"珠桑这样看待自己的工作。

2005 年 9 月 21 日中午，珠桑开车赶往 70 多公里以外的赤多乡放电影。在翻越海拔近 5000 米的雄硕雪山时，积雪已经覆盖了道路，车辆根本无法前行。珠桑独自一人拿着铁锹边铲雪边开车前进，当他把车开到山脚时，已是第二天凌晨 2 点。当晚珠桑就在牧民家借宿，第二天早起继续赶路，直到晚上 10 点多才到达赤多乡放映点。这段 70 多公里的路程居然用了 30 多个小时！当人们看到疲惫不堪的珠桑时，都感动得热泪盈眶，而珠桑却毫不在意地说："为了农牧民，我苦点累点算不了什么！"

"只要有人需要我，我愿意一辈子当电影放映员。"这就是珠桑，独行于雪山之上的电影放映员。

【精神榜样】

常听很多到了中年的人慨叹道："我的一生一无所获，事业一无所成。"一个人一生最大的遗憾与折磨，莫过于到了一定的年纪对自己说："我的事业一无所成。"其实造成这种局面的原因很多时候是你明明有十分的力气，却只用了一分；由于懒惰失去了成长的机会，最终只能留下无尽的遗憾。李嘉诚曾经总结自己的成功之道："做生意不需要学历，重要的是全力以赴。"被誉为世界第一 CEO 的杰克·韦尔奇也说过："干事业实际上并不依靠过人的智慧，关键在于你能否全心投入，并且不怕辛苦。"因此，我们青少年一定要珍惜青春年华，为了自己的理想倾力以赴，让自己的人生永不言悔！

一个人与一个村庄的神话

【模范人生】

1961 年 10 月，地处江苏省江阴市华墅公社最西端的这个村子，正式定名为"华西大队"，33 岁的吴仁宝当选村党支部书记。刚建村的华西人穷村破，曾有这样一首民谣来形容当时的困境："高田岗、高田岗，半月不雨苗枯黄；低田塘、低田塘，一场大雨白茫茫。"

从担任村干部的那天起，他就把带领村民脱贫致富作为毕生的奋斗目标。他带领华西村民制定出了华西"十五年"规划。当时，华西出现了一支由 64 名姑娘组成的"铁姑娘战斗队"。这样的劳动场面，在 20 世纪 60 年代的中国随处可见：一群小姑娘自发地组织在一起，同强壮的男劳力展开竞赛。经过 7 年的奋斗，华西村就基本实现了"十五年"规划。到 1969 年，华西人均口粮 590 斤，走在全国农村的前列。

但吴仁宝知道，仅靠种田不能彻底脱贫，必须发展自己的工业。在他的推动下，一个小五金厂在华西村诞生了。然而在那个年代，私设工厂将会被打成走资派。为了减少注意，他把厂址选在了一处林木环抱的僻静场所。领导来时，厂里的工人是农民；领导不来时，工人加班加点拼命干。用了 9 年时间，这个工厂就让华西人均收入翻了好几倍，并且盖起了江阴地区第一座 5 层高的教育大楼。

在吴仁宝几十年如一日的勤勉带领下，华西村很快就成为中国第一个彩电村、空调村、汽车村、别墅村。如今的华西村富甲天下，每户家庭拥有 400~600 平方米的别墅，100 万~1000 万元人民币的存款，1~3 辆轿车，每年人均纯收入超过 1 万美元。在这一方土地上，居住着中国最富裕的农民。华西村真正成为名副其实的"天下第一村"。

吴仁宝说："自己富了不算富，集体富了才算富。"全村人都富裕起来了，他却把自己"忘记"了。他始终坚持"有福民先享，有难官先当"，一直追求"人民利益的最大值，自己享受的最小值"，始终信守"不拿全村最高工资、不拿全村最高奖金、不住全村最好房子"的"三不"诺言，一直拿着低于集团中层管理人员的工资。多年来，他应得的奖金有1.3亿元，但他分文不拿，全部留给集体。华西村民的住房已经更新到第五代别墅，而他和老伴仍然住在20世纪70年代建的旧楼房里。

吴仁宝还说"一村富了不算富，全国富了才算富"。从2001年开始，在吴仁宝的倡议推动下，华西村采取"一分五统"的方式，陆续把周边相对落后的村联合起来，组建新的"大华西"，帮助他们走上共同富裕之路。从1995年开始，吴仁宝在宁夏银川市郊的镇北堡地区，以及黑龙江肇东市五站镇南小山屯，投资建设了两个"省外华西村"，帮助当地老百姓脱贫致富，开始实践他"全国共富"的梦想。吴仁宝说："我是个共产党员，共产党员应该考虑到全局。"

物质财富与精神财富要齐头并进。吴仁宝说："口袋富了不算富，脑袋富了才是富。物质上富裕起来的华西人时刻不忘精神文明建设。"吴仁宝认为，"艰苦奋斗、团结奋斗、服从分配、实绩到位"的华西精神是华西人的立业之根、创业之本、兴业之宝，"精神文明"是华西村共同富裕的保证。

1989年，华西村成立了精神文明开发公司。吴仁宝说："这个公司负责全村的思想政治工作，主要是用毛泽东思想和邓小平理论武装村民头脑。从表面上看，精神文明开发公司不产生经济效益，实际上公司所产生的效益是无法用经济来衡量的。全村人整体素质提高了，社会安定团结了，村风民风变好了，凝聚力增强了，这就是华西村的无形资产。精神文明开发公司受到了村民的赞赏，还走出了华西，服务全国。"现在，华西村实现了"三无"，即无迷信赌博、无上访告状、无重大刑事犯罪，以致悬赏举报华西人赌博的通告几年来无人揭榜。

2003年7月5日，华西村举行第六届村党代会，选出新的党委成员。当了40多年家的老书记吴仁宝当日卸任，不再"当家"。39岁的吴协恩在党代会上以全票当选新的村党委书记。退休后，吴仁宝有了一个新头衔——华西村党、村、企总办主任。他每天仍坚持工作十多个小时：早晨5点多起床，听新闻、检查村容、察看企业、接待游客、参加会议，还时常与村民座谈，了解生产生活情况，常常一直要忙到夜里12点……当了50多年村官的他，已经习惯了这样退而不休的生活。

吴仁宝的一生是极其勤勉的一生，他在卸任时说："生命不息，工作不止。"他一直都是这样做的，以后也会继续这样做。

【精神榜样】

吴仁宝是党的好干部，勇挑重担、富有激情、思想敏锐，始终自觉地走在发展进步的前列，创造了中国农村发展的奇迹；他是群众的贴心人，心系群众、致富百姓的为民情怀从未改变。吴仁宝的成功，说到底是他百折不挠、不懈奋斗的结果。每个党员干部都要学习吴仁宝的拼搏进取精神，我们新一代的青少年更要发扬这种精神，努力创造无愧于时代、无愧于历史、无愧于人民的一流业绩。

中国的帕夫雷什中学

【模范人生】

十几年前，张建平创办了开封市"文革"后的第一所民办学校。她的足迹遍布全国十几个省市，撰写了数以万计的调查报告；她力主学校教育应还原到自然状态，实施快乐教育和人性化管理，每年组织学生骑车远足、百公里拉练，这些让很多校长感到战战兢兢的活动，她却每年都坚持去做；她每天坚持写博客日记，与师生一起见证每一天的进步；她实施的"吃大锅饭"的薪酬制度，被专家称为市场经济环境中学校管理的"世外桃源"，求实中学也因此被媒体誉为"中国的帕夫雷什中学"。

1974年，年仅19岁的张建平怀揣着苏霍姆林斯基的《帕夫雷什中学》，带着对孩子们的爱与热情，到开封市十二中学做了代课教师。当时，"文革"还在继续，上课不像上课，课堂不像课堂，学校变成了粪便场，教室墙上挂着蛛丝网。孩子们也不愿意到学校来，是她走东家、串西家，硬是用爱感动了孩子们。孩子们不仅来学校上课了，而且遵守纪律、认真学习，因为他们觉得不好好上课就对不起张老师。

1993年，张建平又怀揣着教育的理想和另外两个同事一起创办了求实中学。此时，她已经是河南省劳模、全国优秀班主任、学校教务主任，本是一派大好前程。但她毅然放弃了当时发展得很好的职位，走上了自己办学校的艰难旅程。这年9月，首期招收59名学生的求实中学在两间租来的教室里举行了开学典礼。没有鲜花，没有掌声，没有领导、名人、专家的剪彩，没有鼓乐，甚至没有人来祝贺。一个学生家长掏钱买了一挂鞭炮，点响了算是庆贺。就这样，怀揣着理想的张建平拿着仅有的 1 万元存款迈出了艰难办学的第一步。硬是凭着对教育的爱，使这所学校一步步发展壮大起来。如今，求实已经发展成为拥有 4 个教学部，在校生 4500 多人的大学校。

即使是这样的大校，张校长依然用心中的大爱给孩子们创造各种体验和成长的空间。圣诞节，张校长和教师化装来到孩子们中间，给他们送礼物，给他们带来意外的快乐；篝火晚会，她把破旧的桌子凳子堆在操场上，燃放烟火，唱歌跳舞；泼水节，师生个个成了落汤鸡，但他们兴奋着、快乐着……一切的一切，只为让孩子们体验不同的生活，让孩子们尝试、感受生活中的第一次。

现在每天到该校参观学习的学校络绎不绝，"求实现象"正在受到越来越多人的关注。张建平凭着自己对教育工作的热情成就了一所拥有 4000 余名学生的品牌学校。

【精神榜样】

热忱这个字眼源自希腊语，意思是"受了神的启示"。成功学大师卡耐基认为："对工作热忱的人，具有无穷的力量。"热忱的工作态度对于需要高精尖技术的专业工作也是同样重要的。爱德华·亚皮尔顿是一位伟大的物理学家，曾协助发明了雷达和无线电报，获得了诺贝尔奖。《时代》杂志曾引用他的一句具有启发性的话："我认为，一个人想在科学研究上有所成就的话，热忱的态度远比专门知识来得重要。"张建平能用 13 年时间去打造一所民办中学，矢志不渝地坚持自己的理想，并把求实中学办成了一个品牌，就是因为她对这份工作的无限热忱，指引着她不断为之奋斗。

 **自强不息的歌者**

【模范人生】

史光柱，男，1963 年出生，汉族，云南省马龙县人。1979 年年初，西南边境自卫还击作战开始后，史光柱被这次作战中涌现出来的英雄模范所感动，决心参军报国。1982 年，他参加中国人民解放军，被分配到云南边防部队某团九连。

1983 年年底，中央军委决定收复被敌人侵占的西南边境领土，上级把主攻作战任务交给了史光柱所在团。战前，史光柱向连队党支部递交了血书，他在血书中写道："宁可前进一步死，也决不后退半步生。"并请求担负最艰巨的作战任务。1984 年 4 月 28 日战斗打响后，史光柱担任突击班班长，在排长负重伤的情况下，他代理排长指挥战斗，身先士卒，冲锋在前。

在率领全排向敌人占据的高地冲击时，敌人的一发炮弹落在离他头部 4 米高的树枝上爆炸，他左臂负伤，右耳膜震破，昏了过去。苏醒后，史光柱带领战士们继续向前冲击。这时他又被敌人的手榴弹炸伤，左眼球被打出眼眶，右眼球也被两块弹片击中。

此时，史光柱身上 4 次共 8 处负伤，但他坚持不下火线，继续指挥战斗，带领全排一举攻占了被敌人占领的高地，圆满完成了上级交给的战斗任务。为了表彰史光柱献身祖国的英雄行为，1984 年 9 月 4 日，中央军委授予他"战斗英雄"荣誉称号。

史光柱为祖国的尊严奉献了自己的双眼，而在承受肉体和精神双重煎熬的困境中却找到了珍惜年华的积极方式。他用心灵追求光明，凭执着呼唤崇高，以激情讴歌生活，靠顽强摸索进取。他以深沉的生活感受先后创作出版了《我恋》《背对你投下黑色的河流》《酸月亮、甜月亮》《眼睛》四本诗集，其诗作在全国产生了强烈反响，并分别荣获鲁迅文学奖、深圳大鹏文艺奖等十多种文学大奖。

史光柱靠着坚定的意志和顽强的毅力，克服了常人难以想象的困难，不断超越自我。在1985年中央电视台春节联欢晚会上，史光柱以一首自己作词的歌曲——《小草》感染了无数国人，迅速走进千家万户。他多次在全国作事迹报告，成为20世纪80年代中国青年心目中的杰出榜样。

20多年来，史光柱以超人的毅力和执着，不断进行自我超越，创造了当代中国史上的多个第一：第一位获得学士学位的盲人；第一位演讲超过2500多场次的新中国英雄；中国第一位英模作家；解放军第一位有创作成就的盲人诗人。1990年他被中国作家协会吸收为会员，1991年被授予"全国自强模范"称号，史光柱也因此被誉为"中国的保尔·柯察金"。

1986年春节后，在北京演讲的史光柱，收到团北京市委转来的北京姑娘张晓君的来信，张晓君在信中表示："现在的鲜花和掌声暂时掩盖了你的寂寞，但总有一天鲜花和掌声都会过去，你还得面对生活。因为失明，你将会碰到很多意想不到的艰辛，我愿意陪伴你一起面对一切艰难困苦。"后来，他们结为夫妇。

进入20世纪90年代末，史光柱在社会上作报告的场次越来越少，让他心里更难受的是后天性失明带来的痛苦和无助，导致他觉得自己像个废人。1998年9月的一天，张晓君特意做了一桌史光柱喜欢吃的菜，还买了一瓶昂贵的红酒。她举起酒杯对史光柱说："你知道酒为什么是陈年的好吗？因为它经过时间的沉淀后能厚积而薄发。"

张晓君接着说："我当初看上你，就是觉得你像个男子汉。在我心目中，你永远是个英雄。你可以发挥在文学方面的特长，成为一名用精神鼓舞人们的作家，做陈年的酒，厚积薄发。"张晓君的一番话，仿佛给史光柱布满阴霾的心灵注入了一缕阳光。也就是从这一天开始，史光柱除每年到部队工作、学习3个月外，一回到北京就潜心创作。在众多的文学体裁中，他选择了诗歌和散文。

当 20 万字的纪实散文集《藏魂地天》出版后，史光柱百感交集地为妻子写下一首诗：你是我生存的银行／我天天向你借贷／大概这一辈子也还不清／我常想／我为大地献出了光明／为何让你也承受黑暗／爱人啊有你／我远离沙漠……张晓君懂得他的心意。

如今，他们的儿子已经长大成人，每当看到他们父子俩有说有笑，她就感到异常幸福。史光柱说，是妻子帮助我成为生活战场上的英雄。

【精神榜样】

史光柱是生活的强者，是强者的典范。生活就像一条奔腾的江河，有险滩，有暗礁，有巨浪。强者能冲过险滩，闯过暗礁，踏破巨浪，不达彼岸誓不罢休，而弱者只有望江河而兴叹，畏缩不前。然而，如果只是一时的懦弱，继而奋发，也可以由弱变强，也仍然是生活的强者。我们要像史光柱一样，做生活的斗士，而不是在困难面前尽显懦弱。

 一心为公的楷模

【模范人生】

罗健夫，1935 年出生在湖南省湘乡县，1950 年距初中毕业尚差一学期他就带头报名参了军。在部队利用业余时间，罗健夫学完初中三年级二期及高中三年全部课程，并于 1956 年考入西北大学原子物理系原子核物理专业。1959 年 4 月，罗健夫加入中国共产党，毕业后先后在母校及西安电子计算机技术所、骊山微电子公司工作。1965 年，他开始研究微电子技术。1968 年，参加北京电机厂技术攻关协作。

1969 年，罗健夫作为课题组组长开始研制国家空白项目——图形发生器。1970 年，他领导的科研组受到"文革"的冲击。攻关组白天得参加"革命"运动"改造思想"，只有晚上才有时间搞科研。当年和罗健夫同在非标准设计组的同事蔺振声说："他这种身处逆境仍然投身科研工作的精神一直鼓舞着大家。"他力排干扰，以顽强毅力攻读电子线路、自动控制、精密机械、应用数学、集成电路等多门课程。

几千个日日夜夜里，有时只睡四五个小时，有时甚至通宵达旦，彻夜奋战在知识的海洋里。功夫不负有心人。他所承担的科研课题，终于取得了重大突破。1972 年、1975 年，罗健夫领导的课题组先后研制出第一台"图形发生器""Ⅱ型图形发生器"，为航天计算机的设计和制造，成几十倍地提高了效率，打破了当时国际上的封锁、禁运，为我国航天工业作出了重大贡献。1978 年，他荣获全国科学大会奖励。

1980 年 10 月，正当罗健夫全身心投入"Ⅲ型图形发生器"研制工作时，他被确诊身患癌症已处晚期。这个让人绝望的消息并没有将罗健夫吓倒，他反而以更顽强的拼搏精神和乐观向上的态度泰然处之。为修改"Ⅲ型图形发生器"的图纸，他强忍病痛一头扎进资料堆。至

1981 年 10 月，他已独立完成"Ⅲ型图形发生器"的全部电控设计。

1982 年 4 月，罗健夫作为垂危患者住进医院。他不要组织派人照顾，在死亡随时都会降临的时刻，反而经常劝慰同室病人要树立战胜疾病的信心。1982 年 6 月 16 日，噩耗传来，低分化恶性淋巴瘤夺去了年仅 47 岁的罗健夫的生命。去世前，他没有哀叹生命的短暂，没有眷恋家庭的温暖，没有考虑妻儿的生活，但留下了一桩心事："我的工作还没有做完。"闻者无不动容。

罗健夫平日酷爱阅读《钢铁是怎样炼成的》，并以书中主人公保尔为榜样，身体力行，忘我工作，从不计较个人得失利害。他是Ⅰ、Ⅱ、Ⅲ型图形发生器课题负责人，主要设计者和研制者，却在呈报科研成果时要求不署自己名字，3000 元奖金也一分不取。他还曾婉言谢绝吸收他为中国电子学会成员的邀请，并两次让出评高级工程师的机会。

在科技攻关的日子里，罗健夫每天只睡四五个小时，业余时间全部用来刻苦读书、翻阅资料、思考设计。为了事业，罗健夫把个人生活简化到不能再简化，身上穿戴的仍是当年部队发的旧军装。家人为他添置衣物的钱，常常被他用来买了科研需要的书籍。"党和人民的事业是最崇高的、最有意义的，在它面前，个人的一切都显得那么渺小！"这是罗健夫生前常说的一句话。

1982 年下半年，《工人日报》《光明日报》及其他报刊连续刊登其生平事迹。他的事迹在全国人民特别是在广大知识分子中引起极大反响。

【精神榜样】

罗健夫追求事业高峰的卓越精神、一心为公的人生境界、主动让功的高尚情操，都堪称典范。他是知识分子的优秀楷模，更是共产党员的一面旗帜。老一辈英模用鲜血和生命创造了奇迹，给我们留下了宝贵的精神财富。他所代表的航天一代科技工作者，为我们奠基，为我们指航，是我们学习的榜样，是我们前进的灯塔。我们每一个人都需要高举先辈旗帜，传承光荣传统，坚定信念，不懈奋斗。只有这样我们才能在追求事业价值的过程中，得到生命的永恒。

 人生难得几回搏

【模范人生】

容国团，1937 年 8 月 10 日生于香港。他从小便喜爱乒乓球运动，15 岁时即代表香港工联乒乓球队参加比赛。1957 年，20 岁时从香港回来，同年进广州体育学院学习。1958 年被选入广东省乒乓球队，同年参加全国乒乓球锦标赛，获男子单打冠军。随后被选为国家集训队队员。

1959 年春天，第 25 届世乒赛在联邦德国的多特蒙德举行。4 月 5 日的男单决赛，由容国团对曾 9 获世界冠军的匈牙利老将西多。此前，容国团淘汰了 6 个强手。决赛首局失利后，容国团立即调整战术，长短结合、"软硬兼施"，调动对手左右奔跑、前扑后撤，连胜 3 局，夺得冠军。代表个人最高水平的"圣·勃莱德杯"第一次刻上中国人的名字。回国后，毛主席、周总理等党和国家领导人接见了乒乓球代表团成员。周总理更将容国团夺冠和十年国庆视为 1959 年两件大喜事。

第 26 届世乒赛 1961 年在北京举行。男团决赛对阵的双方是中国和日本。已成为众矢之的的容国团先后负于荻村和木村，中国队在 3∶4 的不利情况下，容国团流下了眼泪。有队友问："下一场你准备怎么办？"他激动地说："人生难得几回搏，此时不搏更待何时！"振奋精神，挥拍上阵，力挫素有"凶猛雄狮"之称的日本队员星野，以 5∶3 战胜日本队而首次问鼎"斯韦思林杯"，为我国体育事业立下战功。

容国团苦心练就直拍快攻打法，球路广，变化多，发球精，推、拉、削、搓和正反手攻球技术较好地继承和发展了我国乒乓球左推右攻的传统技艺，并创造了发转与不转球、搓转与不转球的新技术。他

运用战术灵活多变，独具特色，开创了我国乒乓球"快、准、狠、变"的近台快攻技术风格。

1965 年春天，当第 28 届世乒赛在南斯拉夫卢布尔雅那开幕时，容国团担当女队主教练才 4 个月。女团比赛中他屡派两个攻球手李赫男和梁丽珍出战，所向披靡。但在讨论决赛名单时，却拿出早已成竹在胸的方案。他画了一条龙，龙身处写着梁丽珍、李赫男的名字，两个龙眼则分别写了"林（慧卿）""郑（敏之）"。最终，中国女队以 3∶0 击败了 6 次夺冠、最近连续 4 次夺冠的日本队，捧起了"考比伦杯"。外国通讯社评论："中国人这种大胆策略将在世界乒坛传为佳话。这一胜利令人信服地看到了像旭日一样冉冉升起的新中国。"

【精神榜样】

人生难得几回搏，这是容国团留给我们的精神财富。人生在世总要有所追求，总要有自己的志向。既然是水，就应该成波浪；既然是土，就要垒成大山。在人生的旅途中，唯有以自己坚实的身躯去拼搏、去奋斗，才有可能实现自己的理想。那些害怕失败不敢拼搏的人，也许他们一生平平安安，不会遇到大风大浪和较大的挫折，但他们只能庸庸碌碌，不能体味奋斗的快乐，也无法感受生命存在的意义。成就永远属于那些敢于拼搏的人，也只有敢于拼搏的人生，才能真正品尝到成功的快乐。

 **英烈化作罗布魂**

【模范人生】

　　彭加木，男，生于 1925 年，汉族，广东省番禺市人，中共党员。1947 年在南京中央大学毕业后，到北京大学农学院任教，专攻农业化学。新中国成立后在中国科学院上海生物化学研究所工作。1954 年加入中国共产党。1956 年中国科学院准备组织一个综合科学考察委员会，分赴边疆各地调查资源，他主动放弃出国学习的机会，积极向组织提出要求，赴新疆考察。他在给郭沫若的信中说："我志愿到边疆去，这是夙愿。……我具有从荒野中踏出一条路来的勇气！"

　　1957 年，彭加木身患纵隔恶性肿瘤，回到上海治疗。他以顽强的意志同疾病作斗争，病情稍有好转便重返边疆。先后踏遍云南、福建、甘肃、陕西、广东、新疆等十多个省区，曾 15 次进疆考察并帮助改建中国科学院新疆分院，后任该院副院长。还 3 次进入罗布泊地区，调查自然资源和自然条件，为开创边疆科研工作倾注心血，并为发展我国的植物病毒的研究做了大量的工作。

　　1964 年 3 月 5 日—30 日，彭加木第一次踏入罗布泊。他和几个科学工作者环罗布泊一周，采集了水样和矿物标本，对当时流入罗布泊的三条河流（塔里木河、孔雀河、车尔臣河）河水的钾含量做了初步的研究，认为罗布泊是块宝地，可能有重水等资源。重水是制造核能源不可缺少的物质，20 世纪 60 年代我国需花大量外汇购买。但由于时间短促，彭加木并无实质收获。

　　1979 年 11 月 15 日—12 月 20 日，彭加木第二次进入罗布泊。他说："我具有从荒野中踏出一条路来的勇气，我要为祖国和人民夺回对罗布泊的发言权。"为期35天的考察取得了骄人的科研成果：为国家寻找到了许多稀有的矿藏，填补了一些重大科研领域空白，纠正了国外探险者对罗布泊的一些错误认识。科学考察结束后，又为中、日两国电视台组成的《丝绸之路》摄制组找到了从古墓地、兴地山进入楼兰的道路，还重走了从楼兰环绕罗布泊到达若羌的丝绸之路中段。

1980年5月8日—6月17日，彭加木带领着10人的科学考察队第三次来到罗布泊。他任中国罗布泊科学考察队队长，首次穿越了罗布泊湖盆，全长450公里（1972年前罗布泊湖盆是水乡泽国，谁也无法穿越）。他在湖盆中采集了众多的生物和土壤标本，以及众多的矿物化石，收集了众多的第一手科考资料，为我国综合开发罗布泊做了前瞻性的准备。

6月11日，已经完成任务的考察队休整后，准备沿古丝绸之路南线再次横贯罗布泊地区。途中考察队遭遇了骇人听闻的沙尘暴和无数次陷车，16日，考察队艰难地来到罗布泊东岸一处叫库木库都克的地方。此时，车上所带的汽油和水几乎耗尽。17日上午，考察队员发现彭加木用铅笔留下一张字条："我往东去找水井。彭。17/6。10：30。"

队员认为彭加木在50摄氏度的高温下不会走太远，相信不久后他就会回来。直到下午，彭加木还没有踪影。次日凌晨，科考队通过电波报告：6月17日上午，彭加木只身外出找水，不幸失踪。这个消息传出后，国家先后4次派出十几架飞机、几十辆汽车、几千人拉网式地寻找，结果却一无所获，人们逐渐相信，这位伟大的科学家化作了"罗布魂"。

【精神榜样】

彭加木纪念堂里有这样一首诗："昂藏七尺志常多，改造戈壁竟若何。虎出山林威失恃，岂甘俯首让沉疴。"这首诗正是对他的真实写照。看到这首诗，会使人一次次想起彭加木探险沙漠戈壁，向大自然进军的那种探索自然、敢于挑战的精神。这是彭加木留给我们的宝贵的精神财富。几十年来人们不曾停息对他遗体的寻觅，实际上这确切反映的是人们对他的探险精神的肯定、崇尚和向往。

一秒钟的艺术家

【模范人生】

1992年8月3日，第25届奥运会跳水决赛的现场又奏起了中国国歌，那枚3米跳板金牌为高敏的跳水人生画上了一个圆满的句号。

在回顾自己的跳水历程时，高敏说："跳水这个项目用'台上一秒钟，台下十年功'来形容一点也不过分。"的确，跳水被称为"一秒钟的艺术"，为了在落下跳台的一秒钟里发挥自己的最佳水平，高敏付出了辛勤的汗水，经历了一系列的"魔鬼训练"。

进入省跳水队时，高敏只有10岁，但是她已经做好了吃苦的准备。高敏的身体素质和身材都比较好，脚尖却不直。脚尖直不直对一个跳水运动员来说非常重要。因此，刘继蓉教练把真正的"老虎凳"改造了一下，用它来矫正高敏脚尖不直的毛病。高敏能够理解教练的一片苦心，积极配合，即使疼痛难忍，她也咬牙坚持了下来。

1985年，高敏进入国家跳水队少年集训组，在这个集训组里，高敏的成绩并不出色。徐益明是这个集训组的总教练，刚开始他对高敏很不满意，对高敏说："你的基本功太差，训练不动脑筋，比赛不会发挥，一上台就乱跳，光有一身劲有什么用!"高敏觉得徐教练批评得很对，所以她当天晚上就给自己定了几个规矩：不能只完成训练计划，要加上质量；训练时不再同人聊天，免得浪费时间；每天早起十分钟到训练场地，减少10分钟的准备活动时间，这样可以比别人多练20分钟，一年下来就能比别人多练7000多分钟。勤能补拙，高敏付出了比别人更多的汗水，终于在基本功方面赶上了其他队友，也让徐教练对这个勤奋的小姑娘刮目相看。

当时高敏最大的技术问题是入水。虽然她天生就会压水花，可她的入水线条很差，徐教练曾取笑她说向前入水像"S"，缩肩、挺腹；向后入水像"虾米"，是弯的。这样是拿不到冠军的，所以他要求高敏把自己从"虾米"练成一根"筷子"。于是，高敏每天早晨6点下水练入水动作。那段日子里，一个早晨练上百次入水，还是变不成"筷子"。高敏开始急躁了，可是越急躁技术越走样。徐教练很理解她的心情，特意给她找了一篇当时著名羽毛球运动员韩健的文章《我是怎么从失败的低谷中走出来的》。文章介绍了他在世界比赛中失利后，怎么调整自己的心理，并从中吸取经验，最后拿到世界冠军。看完文章，高敏理解到了世界冠军只能有一个，却是每一个运动员的梦想和目标，要实现这个梦想，光靠刻苦训练是不够的，还必须提高技术。

为提高技术，高敏决定每天训练完后花 30 ~ 60 分钟看技术录像。王同祥教练和她一起观看洛加尼斯的技术录像，还为她耐心讲解。几天下来，高敏的技术就有了明显的提高，"虾米"终于变成了"筷子"！

1986 年，高敏为中国赢得了第一枚世界游泳锦标赛的跳水金牌，由此在全国跳水界引起了轰动。不到一年的时间，高敏从全国倒数第一冲到了世界第一。执着又刻苦的高敏在世界体育史上创造了一个奇迹！拿到冠军后，高敏依然坚持刻苦训练，依旧是第一个到、最后一个离开。她告诉王队长："我要用超人的付出换取超人的成绩。"高敏用她的努力创造了辉煌的"高敏时代"。

【精神榜样】

对于学习上的尖子、生活中的强者、各个领域的明星人物，我们会情不自禁地问自己："为什么他们能够取得如此大的成绩，而我却总是这样平平庸庸地过活呢？"因为他们都拥有不懈奋斗的精神，正是这种不断超越自我的奋斗精神，成就了他们的辉煌。我们青少年应牢记：所有的成功都没有捷径，只能靠苦干。练跳水是这样，学习同样是这样。奋斗是事业成功的助推剂，一分成功需要十二分的努力。

第五章

梅花香自苦寒来

爱国志士，民主先锋

【模范人生】

幼年时，邹韬奋由父亲"发蒙"读"三字经"，这种传统教育与熏陶培养了他坚实的文学基础。同时在父亲"实业救国"观念的推动和影响下，1909 年春，邹韬奋考取了福州工业学校，读机电工程科。父亲希望他"将来能做一个工程师"。

但邹韬奋认为他的天性"实在不配做工程师"。他在福州工业学校，虽然学习刻苦、成绩优异，但终因对数学、物理一类的科目不感兴趣，未能遂父心愿——实现做工程师的梦想。1919 年 9 月，邹韬奋破格考入上海圣约翰大学文科三年级学习，开始了他人生之路的一大转折。

邹韬奋毕业后立志进入新闻界，1926 年，他担负《生活》周刊编辑责任，得以从事自己梦寐以求的新闻出版工作了。

《生活》周刊自邹韬奋接办的那一天起，就敢于同邪恶、黑暗势力作斗争，对于社会上的贪污腐化等现象，不免要迎头痛击，予以无情的揭露和批判。邹韬奋还注意联系群众，抽出时间仔细阅读、答复读者的每一封来信，并认真反馈读者信息。由于《生活》周刊文字朴实、亲切自然、贴近生活，又敢于面对现实、伸张正义，成为群众倾诉衷肠的热心伙伴。很快，它就赢得了广大读者的信任和热爱。

在邹韬奋主持的 7 年里，《生活》周刊从一个不起眼的小刊物一跃发展成为"风行海内外，深入穷乡僻壤的有广大影响的刊物；发行量最高达到15.5 万份，创造了当时期刊发行的新纪录"。

为满足日益扩大的读者需求量，邹韬奋又在原来经营规模的基础上，成立了"书报代办部"，专办读者服务业务，以后逐步发展成为在全国拥有分支店及办事处达五六十处之多的生活书店。久而久之，在邹韬奋的经营下，它渐渐变为"主持正义的舆论机关"。

韬奋是他后来主编《生活》周刊时所用的笔名。他曾对好友说："韬是韬光养晦的韬，奋是奋斗的奋。一面要韬光养晦，一面要奋斗。""韬奋"不仅意在自勉，也是他一生的真实写照。

"九一八"事变发生后，邹韬奋按捺不住心中的愤懑和悲痛，接连在《生活》杂志上发表文章，痛陈国事，以犀利的笔锋对国民党当局的妥协退让政策及其卖国行径进行猛烈抨击。另外，他还积极支持各地的爱国运动，并以实际行动奔走呼喊。

邹韬奋的爱国民主言行，引起了国民党当局的仇视和忌恨，邹韬奋及《生活》周刊遭遇迫害，他不得不流亡出国。邹韬奋此次出国还有一个重要目的：考察"世界的大势怎样？""中华民族的出路怎样？"

他一路奔波，不辞辛劳，先后考察了意大利、瑞士、法国、英国、德国、苏联和美国，搜集了大量宝贵材料，并就沿途中的所见所闻，做了许多心得笔记。经过反复的学习、思考及研究，经过漂流海外两年的实地考察和参观学习，邹韬奋的思想有了很大的进步和提高。

正当邹韬奋远在异国为国家和民族前途忧思竭虑时，日本侵略者的铁蹄正逐步深入华北腹地，他毅然决定回国。随后，在上海创办了《大众生活》周刊。

邹韬奋及《大众生活》的正义言行，再度激起国民党政府的惶恐。他们又使出种种计谋，扼杀《大众生活》。一方面，对邹韬奋本人进行人身攻击，四处散布谣言，诬陷、诽谤邹韬奋；另一方面，严格限制《大众生活》，禁止它在各地发售及从邮局邮寄。国民党政府还接连派出政坛说客，拉拢、利诱邹韬奋屈从就范。对于这些软硬兼施的卑劣行径，邹韬奋义正词严，予以了无情反击。

1936 年 2 月 29 日，《大众生活》被国民党政府查封，邹韬奋决定暂往香港。为了能够公开发表抗战救国主张，传播各地信息，他和好友金仲华一起，着手筹办《生活日报》。该报问世后，积极宣传抗战救亡思想。《生活日报》发行后不到两个月，影响极其深远，有力地推动了西南的爱国救亡运动。

太平洋战争爆发之后，香港失陷，邹韬奋前往东江、苏北抗日根据地。不久，邹韬奋不幸患耳癌逝世。

【精神榜样】

邹韬奋一生所从事的事业，遭受着无数次的挫折，但他依然百折不挠，始终坚守着自己的信念，反动派将他办的刊物一个个封闭，他一个个重新建立，又将他创办的生活书店全数封店。虽因国民党迫害而被迫流亡，但他一直到停止呼吸时仍为他的理想而奋斗不息。这种为真理而战斗不屈的精神，是我们青少年要永远学习和记取的韬奋精神。

指点江山，激扬文字

【模范人生】

　　湖南，人杰地灵。在此环境下成长的蔡和森等一代学子，虽身无分文，却有胸怀天下之志，"指点江山，激扬文字，粪土当年万户侯"。他们崇拜康有为，跟随孙中山，后又选择马克思主义。蔡和森的求学和思想探索过程，是追求革命思想以救国救民的典范。

　　蔡和森出生在上海市江南机械制造总局的一个小官员家里。因其父退职，全家从上海迁至湖南老家，蔡和森从小主要受母亲影响。蔡和森的母亲葛健豪出身名门，仰慕女革命家秋瑾，并以此为榜样教育子女。蔡和森在母亲的教育下，接受进步思想，学习刻苦用功。1913年秋天，蔡和森以优异的成绩考入了省立第一师范学校，后来，毛泽东由第四师范并入第一师范。由于共同的志向，他们结成了志同道合的学友，开始了"恰同学少年"的生活。

　　学校有个君子亭，蔡和森与毛泽东经常来到这里讨论治学、做人等问题。两个出类拔萃的年轻人，就这样走到一起了。当时，湖南学界名流、曾留学日本和英国10年的杨昌济教授的弟子满三湘认为，最好的学生是毛泽东、蔡和森二人，并说过："二子海内人才，前途远大。君不言救国则已，救国必先重二子。"

　　1915年4月，湖南高等师范学校设立了专科文学部，杨怀中、徐特立等老师转到了文学部任教。蔡和森历来爱好文史，他在一师读了两年后，于1915年秋天跳级考进了湖南高等师范学校文史专科。

　　这时，陈独秀主编的《新青年》杂志在北京出版了。这是一种宣扬新思想，提倡新文化的刊物。它一开始就鲜明地指出"民主"和

"科学"两个口号，大力批判封建主义的传统观念，主张实现西方资产阶级上升时代的民主、自由和个性解放。蔡和森很快就成了这个刊物的热心读者，从而使他接受了民主革命思想。

在高等师范毕业后，蔡和森就与毛泽东寄居在半学斋杨怀中先生寓所，继续共同探求救国的道路，准备建立革命团体。

蔡和森同志是中共早期著名的马克思主义理论家、宣传家。他在青年时代就热烈追求革命的真理，立志拯救国家，改造社会。在湖南省立第一师范读书期间，同毛泽东等人一起组织进步团体新民学会，创办《湘江评论》，参加"五四运动"。

在法国期间，蔡和森"日惟手字典一册"，"以蛮看报章杂志为事"。在短期内，就收集了上百种马克思主义和俄国革命的书籍，择重要急需者"猛看猛译"。他从法文翻译了《共产党宣言》《社会主义从空想到科学的发展》《国家与革命》等著作，进行了认真的研究，因而很快地成为一个坚定的马克思主义者。

蔡和森还致信毛泽东、陈独秀等，明确提出：只有社会主义能够拯救中国与改造世界，要发展中国革命，先要组织党——共产党。他第一次旗帜鲜明地称这个党为"中国共产党"。毛泽东对他的主张"深切赞同"，回信说："你这一封信见地极当，我没有一个字不赞成。"

1921年10月，蔡和森因领导留法勤工俭学学生斗争被法国政府强行遣送回国。同年底，加入中国共产党，并在中共中央从事党的理论宣传工作，成为党早期重要的理论家和宣传家。中国共产党第二次全国代表大会，他参与起草"二大"宣言，为制定党的民主革命纲领作出了贡献。

在任中共中央机关报《向导》周报主编期间，组织发表并亲自撰写大量文章，宣传马克思列宁主义和党的纲领、主张等，揭露和批判了帝国主义和封建军阀，为维护、推动国共合作大革命高潮的到来做了大量工作。

这期间，他还运用马克思列宁主义积极探索中国革命基本问题，对中国革命的性质、任务、前途、中国社会各阶级在革命中的地位和作用等问题，提出了许多正确观点。

在大革命面临失败的危急关头，蔡和森对党内右倾机会主义错误进行了严肃批评，并多次提出应对危局的建议。在党的"八七"会议上，他支持毛泽东的正确意见，主张土地革命和独立开展武装斗争，为党确立土地革命和武装反抗国民党反动派的总方针起了重要作用。

1928年6月，在莫斯科举行的中共"六大"上，蔡和森认真总结土地革命战争初期的经验教训，指出中国社会具有不平衡的特点，阐明在农村开展武装斗争、建立红军、开辟割据局面的可能性，并当选为中央政治局委员、常委，兼任中央宣传部部长。"六大"后，他回国参与中央领导工作。

【精神榜样】

在纪念蔡和森同志诞辰110周年座谈会上的讲话中，曾庆红说："今天，蔡和森同志毕生为之奋斗的革命事业，已经取得了伟大的历史性胜利。他立志要推翻的旧中国，已经被人民革命的洪流所涤荡；他热烈呼唤的新中国，已经在中国共产党的领导下巍然屹立在世界的东方；他和无数优秀共产党人所表现出来的高尚品德和崇高精神，已经成为激励我们伟大民族奋勇前进的精神旗帜。"每一个青少年，都要通过不懈的追求、毕生的奋斗，努力成为坚持理想信念的模范、坚持勤奋学习的模范。

可当大局的何叔衡

【模范人生】

何叔衡出生在一个农民家庭，出身贫困的他少年时就对黑暗势力深恶痛绝。1912年，读了8年私塾的何叔衡考中了秀才，县政府来人请他去管钱粮，正直和疾恶如仇的性格使其不愿与黑暗腐朽之流为伍，当场拒绝了这个"好差事"。来人嘲笑他说："一个穷秀才，不识抬举，你就在家种田吧！"从此，何叔衡就在家当起了私塾先生。

不久，因清廷行"新政"后办新式学堂，何叔衡受聘于云山高等小学堂，在教文史的同时也开始阅读外界新书，这时他开始接触孙中山倡导的民主主义思想，从而意识到封建思想对人们的毒害，决心倡导革命新思想。

辛亥革命爆发，何叔衡率先剪去自己的长辫子，又动员周围的男人剪辫、女人放脚。学校放暑假时，何叔衡回到家中，看到守旧的妇人仍不肯解开裹脚布，便说："看来只动笔动嘴不行，还要动手动刀。"于是操起菜刀，将家中的裹脚布和尖脚鞋全部搜出后，当众砍烂，并借此给村里的妇女讲解缠脚的坏处。

何叔衡决定从自己做起，突破旧的封建思想观念，因而他的思想和言行在当时表现得都很先进。当何叔衡的妻子生下第三个女儿时，家人托亲戚提亲为他纳妾，以便生个儿子留后。何叔衡对前来劝其纳妾的人说："谁说我断了后？女孩也是后人，女儿也是我家的实际继承人！"为了抵抗封建传统的势力，他给第三个女儿起名叫何实嗣，她后来和父亲一样也走上了革命道路。

1913年，已经37岁的何叔衡来到长沙，却要报考第四师范学校当新生。校内主事惊讶地看着他没有说话。他说："深居穷乡僻壤，风气不开，外事不知，急盼求新学。"这个主事听了他诚恳的话语，同意了他的要求。何叔衡就成了长沙第四师范的一名学生。

这位校内年纪最大的学生，一向积极参加青年人的活动，也就是在这里，他结识了小自己17岁的毛泽东，两人成为挚友，何叔衡由此走上了革命道路。1918年，毛泽东等发起组织"五四"时期的著名青年团体"新民学会"，何叔衡作为年龄最大的成员加入，他处事老练，毛泽东的评价是"叔翁办事，可当大局"。后来，他回湘办湖南自修大学及湘江大学，为党培养了不少革命工作人员。

中共"一大"后，毛、何二人回湘，建立中共湘区委员会。为掩护活动，二人又发起建立湖南自修大学，招收有志青年前来学习。这一学校被军阀封闭后，何叔衡又建立湘江学校并任校长，一度名满三湘，并在校内引导不少人秘密参加了党组织。北伐军占领湖南后，他公开了身份，一面担任民报馆长宣传革命，一面在惩治土豪劣绅特别法庭工作。

1927年，大革命失败后，何叔衡化装去上海，翌年被组织派往莫斯科中山大学特别班。年过50的他经过刻苦努力，仍学通了俄语，并以此研修革命理论。1931年，何叔衡任中华苏维埃中央临时政府检查部部长、临时法庭主席。

何叔衡在苏区的司法实践中主张"罪刑相当"，坚持以"事实为依据，法律为准绳"，在封建统治阶级"宁可错杀一千，绝不放过一个"的腐朽没落法制思想和王明"左"倾路线把肃反扩大化和轻罪重判的交织影响下，何叔衡顶住压力，不把疑罪作为定案依据，开创了无产阶级政权司法公正、依法办案的先河。

1935年年初，中央苏区陷落，组织上派便衣队护送他向闽西突围，不幸于2月14日在途中壮烈牺牲。

【精神榜样】

何叔衡考中秀才却激愤于衙门黑暗腐败，甘愿在家教私塾。他自党挣脱封建枷锁，积极学习和传播马克思主义，成为中国革命的先驱和中国共产党的创始人。他的这种转变，得益于他追求真理、勇于探索的可贵精神。生命因知识而改变，成功因求索而精彩。何叔衡从一个旧式的穷秀才到中央检察部长，他走过了一个不断学习和探索的过程，尤其是他暮年求知若渴、虚心学习的精神更令人为之叹服。

永不消逝的电波

【模范人生】

1931 年年初，红一方面军建立了无线电学习班，李白被挑去参加学习无线电技术。由于他出身贫寒，没有上过几天学，并不识几个汉字，而要想掌握电讯技术不仅要用汉字，还要学英文，这对近乎文盲的李白来说，难度是无法想象的。

无线电学习班的老师是一位精通专业的电讯人员，这位老师看到李白基础差，一些简单的知识都听不懂，开始对李白感到失望并经常呵斥他。李白想到为了以后革命工作，便日夜加班学习，常注意模仿老师的操作。一段时间过后，那位老师惊讶地发现，李白已经熟练掌握了电讯技术。

全国抗战爆发后，李白赴上海担任党的秘密电台的工作。到了上海，他租了一个顶层的小阁楼，每天只能在抬不起头的小房间里工作。为防止声音外传，他从不开窗，夏天里不透气的阁楼如同火炉，发一次报，衣服都能拧出水来。冬天阁楼里不能生火，李白的指头冻得僵硬肿大，仍强忍痛楚坚持发报。

当时，李白的电台功率很小，天线又不能外露。发报前先把一圈天线挂在阁楼内墙根，一头露出窗台少许，仍能把电报发到千里之外的延安，而且信号清楚。在日寇与国民党特务的监视下，李白克服各种困难，用无线电波架起了上海和延安之间的"空中桥梁"。

1942 年 9 月，日本特务机关用测向仪逐步缩小范围，确定了电台方位后突然砸门闯入。李白听到楼下有动静，马上收好天线并藏起机器。狡猾的特务还是搜出了电台，并将他和妻子裘慧英一起逮捕。

日本特务审讯时，不仅给他上老虎凳，还用钳子把他的指甲一片片拔下来。李白忍受剧痛，坚不吐实，坚称自己是沟通商业情报的私人电台。经党组织营救，李白夫妇于次年5月获释。

出狱后，党组织将李白夫妇调往浙江，安排他打入国民党国际问题研究所做报务员。他化名李静安，往返于浙江的淳安、场口和江西的铅山之间，利用国民党的电台，为党秘密传送日伪和美蒋方面的大量战略情报。

1948年12月，李白在与党中央进行通讯过程中，被国民党特务机关测出电台位置而再次被捕。这次，他的身份完全暴露。敌人使用了针刺手指、香火烧眉毛和鼻子、上老虎凳等酷刑来拷问他，但李白始终坚贞不屈、顽强抗敌，敌人始终没有能够从他口中得到一点想要的信息。由于李白没有吐露实情，才使上海地下党仍能同中央继续保持联络。

当妻子以家庭妇女的身份探监时，李白说："天快亮了，我等于看到了，不论生死，我心里都坦然。"后被秘密杀害。

【精神榜样】

李白克服了常人无法想象的困难，掌握了无线电知识；在艰苦恶劣的环境下，用无线电波架起了一坐空中信息桥梁；两次被捕，以顽强的革命意志承受敌人的酷刑折磨，绝不吐露党的秘密。他坚定不移的革命气节和忘我的奋斗精神为后人树立了光辉的榜样。

从放牛娃到美国总统

【模范人生】

美国前总统亨利·威尔逊出生在一个贫苦的家庭，当他还在摇篮里牙牙学语的时候，贫穷就已经冲击着这个家庭。威尔逊10岁的时候就离开了家，在外面当了11年的学徒工。这其间，他每年只有一个月时间到学校去接受教育。

经过11年的艰辛工作之后，他终于得到了1头牛和6只绵羊作为报酬。他把它们换成了84美元。他知道钱来得很艰难，所以绝不浪费，他从来没有在玩乐上花过一分钱，每个美分都要精打细算才花出去。

在他21岁之前，他已经设法读了1000本书——这对一个农场里的学徒来说，是多么艰巨的任务呀！在离开农场之后，他徒步到150公里之外的马萨诸塞州的内蒂克去学习皮匠手艺。他风尘仆仆地经过了波士顿，在那里他看了邦克希尔纪念碑和其他历史名胜。整个旅行他只花了1美元6美分。

他在度过了21岁生日后的第一个月，就带着一队人马进入了人迹罕至的大森林，在那里采伐原木。威尔逊每天都是在东方刚刚泛起鱼肚白之前起床，然后就一直辛勤地工作到星星出来为止。在一个月夜以继日的辛劳努力之后，他获得了6美元的报酬。

在这样的穷困境遇中，威尔逊下定决心，不让任何一个发展自我、提升自我的机会溜走。很少有人像他一样深刻地理解闲暇时光的价值，他像抓住黄金一样紧紧地抓住了零星的时间，不让一分一秒无所作为地从指缝间白白流走。

12年之后，这个从小在穷困中长大的孩子因不懈奋斗在政界脱颖而出，进入了国会，开始了他的政治生涯。

【精神榜样】

一个人的发展与成长，天赋、环境、机遇、学识等外部因素固然重要，但更重要的是自身的勤奋与努力。没有自身的勤奋，就算是天资奇佳的雄鹰也只能空振双翅；有了勤奋的精神，就算是行动迟缓的蜗牛也能雄踞塔顶，观千山暮雪，渺万里层云。成功不能单纯依靠能力和智慧，更要靠孜孜不倦地勤奋工作。

 **无国界美食家郭丽文**

【模范人生】

郭丽文出生于汕头市一个工人家庭，自小心灵手巧，喜欢做潮汕各种粿品小食。婚后数年她已是三个孩子的母亲，但是为了更好地照顾家人，她暗下决心，要学一门手艺，摆脱贫困，做一番事业。

几经努力，她到了汕头大厦点心部，从一名勤杂工做起，她手脚麻利，不辞辛苦，又虚心学习，悟性较高，经过师傅指导和勤学苦练，郭丽文的糕点制作技术逐步提高了。

改革开放时，郭丽文开始把家庭小作坊的产品送到一些小商店售卖，很快脱销，她的信心更足了，她把小焗炉换成大焗炉，借外婆家做工场，三姐妹同时做饼，她还通过参加市里厨师培训和到广州拜师学艺，技艺精益求精。

1990 年，郭丽文以多年积蓄加上银行贷款和亲友集资，在中山公园月眉桥边开起了自己的月眉湾菜馆。2001 年年末，坐落于海滨路 21号的月眉湾酒楼新址开张。奋斗了大半生，一个在艰苦环境中勇往直前的女子，初步实现了自己的理想。

2007 年，郭丽文投资的"悦宴概念餐饮"正式拉开帷幕。多国的美食，时尚的概念，超前的设计，开辟了汕头"无国界美食"的先河。"悦宴"受到了现代消费人群的欢迎，作为餐饮业的崭新形式，获得了"2007 粤东十大时尚品牌"称号。

多年的努力，郭丽文播下的种子终于结成硕果。作为一位成功女性，郭丽文获得了无数的荣誉，她勤俭致富的初衷，固然是为了能让一家人过上好日子，但取得了事业的成功后，在奋斗的过程中，她更加理解了生活的不易，她又积极地投入到公益事业中，用爱心回报社会。

【精神榜样】

当我们看到一个名人的成功时，往往不禁会起羡慕之心，但他们事业的成功没有不是经过奋斗而来的，就一般普通的生活而言，也是从奋斗中得来。如同经受暴风雨洗礼之后顽强生长的小草，它虽然弱小，但当暴风雨来临的时候，它总是勇敢地面对，从不退缩，拼搏中透露出一种不屈的神态。我们青少年也应该学做一株不畏艰险的小草，时刻迎接暴风雨的洗礼，为了人生的希望去奋斗！

勤奋的巴尔扎克

【模范人生】

一天，一位年逾古稀的老太太拿着一本破旧的作业本问巴尔扎克："大作家，你给我瞧瞧，这小子有没有天赋？将来是不是块当作家的料？"

巴尔扎克接过作业本后认真地看了看，胸有成竹地说："这小子天赋不高，灵气不多，凭这很难当作家。"

老太太听后，发自内心地笑道："好小子，我以为你们当作家的什么都懂，没想到你连自己30多年前的小学作文都看不出来！"

巴尔扎克也禁不住笑了。他做梦也没有想到，这个老太太竟是自己30多年前的小学教师。

巴尔扎克的判断显然是错了，因为他只看到了孩子的基础，却忽视了孩子将来的努力，忽视了人是可以发展和变化的。但是，他也有言中的一面——任何人都不可能一出世就名扬天下、誉满全球。

巴尔扎克在成名之前，也曾困惑过、狼狈过。

他本来是学法律的，可大学毕业后，偏偏想当作家，全然不听父亲让他当律师的忠告，将父子关系搞得十分紧张。不久，其父便不再向他提供任何生活费用。他写的那些玩意儿又不断地被退了回来，他陷入了困境，开始负债累累。最困难的时候，他甚至只能吃点干面包，喝点白开水。但他挺乐观，每当就餐便在桌上画上一只只盘子，上面写上"香肠""火腿""奶酪""牛排"等字样，然后在想象的欢乐中狼吞虎咽。

在这段最为失意的日子里，巴尔扎克破费了700法郎买了一根镶着玛瑙的粗大手杖，并在手杖上刻了一行鞭策自己的字：我将粉碎一切障碍。

正是这句无所畏惧、一往无前的名言，支持他渡过了难关。后来，他成功了。

巴尔扎克的作业和手杖又一次证明了无数成功人士坚信的箴言："勤能补拙是良训，一分辛苦一分才。"

【精神榜样】

在成功和失败之间，并没有一道不可逾越的鸿沟。对绝大多数青少年而言，只要按既定目标执着地追求，勤奋地努力，就终有功成名就的一天。正如深邃的夜空星光点点，峻峭的山谷间流过一丝清泉，奋斗让人生获得快乐的满足；让受挫折的人生获得成功的喜悦，重新斗志昂扬。人生其实就是向着一个个理想奋进，在成功与失败中不断有所收获的过程。如稻盛指出的那样，"倘若一切完美无须奋斗，生活便无希望可言"。

杰克·伦敦的作家之路

【模范人生】

　　美国著名作家杰克·伦敦在 19 岁以前，还从来没有进过中学。但他非常勤奋，通过不懈的努力，使自己从一个小混混成为一个文学巨匠。

　　杰克·伦敦的童年生活充满了贫困与艰难，他整天像发了疯一样跟着一群恶棍在旧金山海湾附近游荡。说起学校，他不屑一顾，他把大部分的时间都花在偷盗等勾当上。不过有一天，他漫不经心地走进一家公共图书馆内，读起名著《鲁滨孙漂流记》时，他看得如痴如醉，内心受到了深深的震撼。在看这本书时，饥肠辘辘的他竟然舍不得中途停下来回家吃饭。第二天，他又跑到图书馆去看别的书，另一个新的世界展现在他的面前——一个如同《天方夜谭》中巴格达一样奇异美妙的世界。从这以后，一种酷爱读书的情绪便不可抑制地左右了他。一天中，他读书的时间达到了 10～15 小时，从荷马到莎士比亚，从赫伯特斯宾塞到马克思等人的所有著作，他都如饥似渴地读着。19 岁时，他决定停止以前靠体力劳动吃饭的生涯，改成以脑力谋生。他厌倦了流浪的生活，他不愿再挨警察无情的拳头，他也不甘心让铁路的工头用灯按自己的脑袋。

　　于是，就在他 19 岁时，他进入加利福尼亚州的奥克德中学。他不分昼夜地用功，从来就没有好好地睡过一觉。天道酬勤，他也因此有了显著的进步，只用了 3 个月的时间就把 4 年的课程念完，通过考试后，他进入了加州大学。

　　他渴望成为一名伟大的作家。在这一雄心的驱使下，他一遍又一遍地读《金银岛》《基督山伯爵》《双城记》等书，之后就拼命地写作。他每天写5000字，也就是说，他可以用20天的时间完成一部长篇小说。他有时会一口气给编辑们寄出30篇小说，但它们统统被退了回来。

后来，他写了一篇名为《海岸外的飓风》的小说，这篇小说获得了《旧金山呼声》杂志所举办的征文比赛头奖，但他只得到了20美元的稿费。5年后的1903年，他有6部长篇以及125篇短篇小说问世。他成了美国文艺界最为知名的人物之一。

杰克·伦敦的经历一点都不让我们感到惊讶，一个人的成就和他的勤奋程度永远是成正比的。试想，如果杰克·伦敦不是那么勤奋，写作不是那样废寝忘食，他绝对不会取得日后的成就。

【精神榜样】

辛勤劳动是生存的需要，也是生命的意义所在。劳动的人充实、自信，时常能感到"幸福的疲倦"。懒惰的人失落、萎靡，即使衣食无忧也不能感到幸福。勤奋是到达卓越的阶梯。如果你是一名懒惰者，那么，你就永远不会和卓越者有任何关系。

梅花香自苦寒来

【模范人生】

梅兰芳出生于京剧世家，耳濡目染的他对京剧这门艺术也很喜欢。但他的资质不太好，相貌平平，小圆脸，眼神还有些木讷和呆板，见了人之后嘴也不乖巧，甚至还有几分笨拙。

为了使京剧世家的香火延续下去，不至于在他的手里断送掉，在他8岁那年，家里还是请来了一位很有名的老师做他的启蒙老师，给他"说戏"。第一出启蒙戏为《二进宫》，其中有四句老腔，先生反复教他，还是不能上口。先生见他如此笨拙，认为他不是学戏的料，便拂袖而去，不再教他了。临走时，先生冷冷地对小梅兰芳说道："祖师爷没给你这碗饭吃，我也没有办法。"

梅兰芳是一个有志气、有毅力的孩子，先生的这句话像一根钢针似的刺痛了他，他心里想，别人能学会的东西，我为什么学不会，我又不比别人矮半截。爷爷常说的"事在人为"这句话，这时也在他耳边响起。小梅兰芳暗下决心，一定要好好学戏，让所有的人都对自己刮目相看。

不久，家人又把小梅兰芳送到了"云和堂"学戏，拜吴老先生为师。在学堂里学戏是一件苦差事，小梅兰芳每天清晨5点就得起床，先到城墙根空旷的地方练习走台步、跑圆场和吊嗓子。他上午练功，下午学唱腔，晚上念戏本子。吴先生对小梅兰芳要求非常严，有时还采取十分严苛的训练方法，但小梅兰芳总是按老师要求的标准，努力完成练功任务。

小梅兰芳不仅严格按先生规定的训练时间和要求去做，有时还自己给自己加重砝码，逼迫自己向更高的目标迈进。当时练功还有一种方法，就是先生在桌上摆一摞铜钱，规定练功20遍到30遍，每练一遍就将一枚铜钱放到漆盘里，直到铜钱放完，练功才告结束。有时先生放的铜钱全放到漆盘里了，小梅兰芳就从自己的衣袋里再取出一些铜钱，继续练习。每次练功，小梅兰芳都要比别人练的时间长、次数多，直到将先生规定的动作熟练为止。当时，有一种功法就是踩着高跷站在砖头上，要求站完一炷香的工夫。高跷是用两根半米多长的木棒做成的，与砖头接触的部位仅有铜钱大小，要想在砖头上站稳，全身要有相当好的协调能力，否则就会从板凳上摔下来。起初，小梅兰芳站上去总是东摇西晃，腰肢酸软，两只脚也非常疼，站不久就从上面摔了下来。摔下来之后，小梅兰芳也顾不得疼痛，再次站了上去。就这样，折腾了几个来回，小梅兰芳又累又痛，而且是汗流满面，衣服都被汗水湿透了。然而，为了练就一身过硬的本领，有时他宁肯将嘴唇咬破，也一声不吭地站到底，直到烧完一炷香为止。正是凭着这股韧劲儿，梅兰芳终成为一代京剧大师。

【精神榜样】

能力的获得绝不是一朝一夕的事。要想拥有过人的能力，就一定要付出比别人多几倍的努力。如果正在成长的你有着过人的才华，勤奋会让它绽放无限的光彩；如果你智力能力一般，勤奋可以弥补你的不足。

 "打工皇后"吴士宏

【模范人生】

吴士宏从一个"毫无生气甚至满足不了温饱的护士职业"（吴士宏语），先后当上 IBM 华南区的总经理，微软中国总经理，TCL 集团常务董事、副总裁，靠的就是一种不断超越自己的进取和勤奋的精神。

吴士宏曾经是北京一家医院的普通护士。用吴士宏自己的话说，那时的她除了自卑地活着，一无所有。她自学高考英语专科，在她还差一年毕业时，她看到报纸上 IBM 公司在招聘，于是她通过外企服务公司准备应聘该公司，在此前外企服务公司向 IBM 推荐过好多人都没有被聘用，吴士宏虽然没有高学历，也没有外企工作的资历，但她有一个信念，那就是"绝不允许别人把我拦在任何门外"，结果她被聘用了。

据她回忆，1985 年，她为了离开原来毫无生气甚至满足不了温饱的护士职业，凭着一台收音机，花了一年半时间学完了许国璋英语三年的课程。正好此时 IBM 公司招聘员工，于是吴士宏来到了五星级标准的长城饭店，鼓足勇气，走进了世界最大的信息产业公司 IBM 公司的北京办事处。

IBM 公司的面试十分严格，但吴士宏都顺利通过了。到了面试即将结束的时候，主考官问她会不会打字，她条件反射地说："会！""那么，你一分钟能打多少？""您的要求是多少？"主考官说了一个标准，吴士宏马上承诺说可以。因为她环视四周，发觉考场里没有一台打字机。果然，主考官说下次录取时再加试打字。

实际上吴士宏从未摸过打字机。面试一结束，吴士宏飞也似的跑

回去，向亲友借了170元钱买了一台打字机，没日没夜地敲打了一星期，双手疲乏得连吃饭都拿不住筷子，竟奇迹般地敲出了专业打字员的水平。以后好几个月她才还清了这笔对她来说不小的债务，而IBM公司却一直没有考她的打字功夫。

吴士宏就这样成了这家世界著名企业的一名最普通的员工。靠着这种不断超越自我的勤奋精神，吴士宏顺利地迈入了IBM公司的大门。进入IBM公司的吴士宏不甘心只做一名普通的员工，因此，她每天比别人多花6个小时用于工作和学习。于是，在同一批聘用者中，吴士宏第一个做了业务代表。接着，同样的付出又使她成为第一批本土的经理，然后又成为第一批去美国本部作战略研究的人。最后，吴士宏又第一个成为IBM华南区的总经理。这就是多付出的回报。

1998年2月18日，吴士宏被任命为微软（中国）有限公司总经理，全权负责包括香港在内的微软中国区业务。据说为争取她加盟微软，国际猎头公司和微软公司做了长达半年之久的艰苦努力。吴士宏在微软仅仅用7个月的时间就完成了全年销售额的130%。在中国信息产业界，吴士宏创下了几项第一：她是第一个成为跨国信息产业公司中国区总经理的内地人；她是唯一一个在如此高位上的女性；她是唯一一个只有初中文凭和成人高考英语大专文凭的总经理。在中国经理人中，吴士宏被尊为"打工皇后"。

【精神榜样】

卡耐基认为，凡是做出事业的人，往往不是那些幸运之神的宠儿，反倒是那些"没有天生机遇"的苦孩子。败者之所以失败，不是因为他们不具有和别人一样的能力，不是没有人帮助他们、没有人提拔他们，而是他们并没有足够的勇气、敏锐的观察力、判断力，更没有苦干的精神。现今世界需要但缺少的，正是那些能够脚踏实地、埋头苦干的人。所以，我们要想成就自己的事业，成为天才，就必须从现在开始每天多做一点点，勤奋起来，你就会有意想不到的收获。

拉美的"沃伦·巴菲特"

【模范人生】

有人称他为 25 万墨西哥雇员的"衣食父母";他月入 35 亿美元,平均每小时就有近 500 万美元流入他的腰包;有人曾经把他的一举一动看成是墨西哥经济的晴雨表;2010 年,他以 590 亿美元的资产成为新的世界首富,2011 年,他以 740 亿美元的身价继续蝉联全球首富。他就是墨西哥电信大亨卡洛斯·斯利姆·埃卢。

埃卢 1940 年 1 月 28 日出生于墨西哥城,父亲曾是某旅馆老板,后来因投资地产而发迹。在父亲的言传身教下,埃卢从小就对投资表现出浓厚的兴趣。11 岁时,他就做出了人生的第一笔投资——购买国债。

17 岁的时候,埃卢就已经学会了炒股。他的投资天分让他在初试牛刀的股票市场上斩获颇丰。到了 20 岁,他的账户里已经有了 4500 美元的累计资金,在当时的墨西哥,这可是一笔不小的数目。

出人意料的是,虽然从小便受到商业生活的耳濡目染,但埃卢却在进入墨西哥国立自治大学的时候选择了攻读土木工程,当时他的想法是要成为一名优秀的工程师。

1961 年,埃卢从墨西哥国立自治大学毕业,他选择了当一名教师,只是在业余时间从事一下投资活动。他先后在墨西哥几所著名的学院里教授过数学,同时利用空闲时间在期货市场上从事一些投资活动。除此之外,他还投资了一家生产啤酒瓶的工厂,这让他开始接触到期货之外的一些商业活动,同时也给他带来了比较不错的收益。在这段时间里,埃卢并没有把主要精力放在商业活动上,还是以教书为主。但就是在这段时间里,一件偶然发生的事情彻底改变了他的既定的人生轨迹，也标志着埃卢真正开始了自己的商业王国之旅。

1967年，埃卢意外地接到了拉丁美洲经济委员会的盛意邀请，想请他去为该国际机构讲课。正好当时他的课程不是很紧张，于是他答应了他们的邀请，开始给这个机构讲课。在给该委员会学员讲课的过程中，他认识了一些学员，后来其中一些人还成为了他的朋友。在不断跟这些人接触的过程中，埃卢开始意识到商业活动并不仅仅是简单的低买高卖，真正的商业活动足以对国计民生产生重大影响，并可以因此而改变许多人的命运。

埃卢还逐渐意识到，商业活动的核心是分配社会资源，而最为成功的商业家则是那些能够利用同样的资源产生最大回报的人。这次讲课让埃卢眼界大开，他跳出了原来思想的局限性，对商业活动重新有了不一样的定义。

此时，兄长又一再坚持要求埃卢回到家族企业里，就这样，在两种因素的双重作用下，埃卢开始继承自己的家族企业，真正开始全身心地投入商业活动，斯利姆家族也由此开始走向了辉煌。

埃卢的商业生涯可划分为好几个阶段，1982年至1991年这10年间，是他最为辉煌的10年。

在这10年当中，埃卢完成了其商业生涯中最为关键的几个重要战略布局：一是组建了卡尔索集团；二是收购了大批的墨西哥公司，并进行改造重组；三是与墨西哥的高层建立了非常好的政治关系。

1990年以后，埃卢进行了商业生涯中的第二次集中收购，并通过商业生涯的第二个10年征战，成功地将自己的商业王朝进一步推向了另一个高度。

20世纪90年代，埃卢以1760万美元买进了墨西哥电话公司，这为他跻身亿万富豪奠定了基础，也为他赢取了"拉美的沃伦·巴菲特"的美誉，让他仅用了16年时间就爬升到《福布斯》2006年富豪榜第三富的位置。2010年埃卢以590亿美元的资产位居"福布斯富豪榜"榜首，2011年埃卢以740亿身价再次登上"福布斯富豪榜"榜首。

尽管埃卢非常富有，但他的生活非常节俭，很少有奢侈品。几十年来，他的办公室仍然在墨西哥城摩天大楼夹缝中的一个两层水泥小楼里。他仅有的奢侈嗜好是抽古巴雪茄和周末去墨西哥的度假胜地度假。

2000 年之后，埃卢开始热衷于慈善事业，但很多人对其动机提出了质疑和批评。对于外界的批评，埃卢坦然自若，"当你为了别人的看法而活，无异于行尸走肉。我知道自己在做什么，不需要考虑他人是怎么看我的"。

功成名就后的埃卢，在被人频频问起自己父亲留给他的最大财富是什么的时候，他总是满怀深情地说："是父亲的奋斗精神和他对国家无比坚定的信心。"父亲的奋斗精神给埃卢留下了深刻的印象，这些年来，他也一直是这么做的。

【精神榜样】

任何财富，都是依靠奋斗获得的。在这个世界上，没有一个人的财富是从天而降的。要想在与人生风浪的搏击中完善自己、成就自己，享受成功的喜悦，赢得社会的尊敬，只能凭自己的双手去创造。奋斗是为了自己，而不是为了别人，我们自己是奋斗的最大受益者。只有辛勤地劳动，才会有丰厚的人生回报。即使给你一座金山，你无所事事，也会有一天坐吃山空的。传说中的点石成金之术并不存在，而在不断奋斗中获得财富才是最正确的途径。

华人首富李嘉诚

【模范人生】

不断学习，你将会拥有一个永远加速的未来。

他被称为商界领袖，通过自身的努力，成为中国企业家的偶像，对中国经济发展作出了巨大贡献，为中国企业家注入了弥足珍贵的精神血液，他就是李嘉诚。

1928 年，李嘉诚出生于广东潮州。1940 年，为躲避日本侵略者的压迫，全家逃难到香港投靠亲戚。1943 年，父亲病逝，为了养活母亲和三个弟妹，李嘉诚被迫辍学，走上社会谋生。凭借着勤奋和努力，李嘉诚闯出了一番属于自己的天地。

李嘉诚具有敏锐的洞察力和准确的判断力，但我们知道李嘉诚只有中学文化水平，他是如何做到这一点的呢？

对于这个问题，李嘉诚谦虚地回答："求知是最重要的环节，不管工作多忙，我都坚持学习。白天工作再累，临睡前，我都要斜靠床头翻阅经济类杂志，我从中汲取了大量的知识和信息，我的判断力由此而来。"

看来，"书山有路勤为径，学海无涯苦作舟"这句话是放之四海而皆准的，至少富豪李嘉诚是这么认为的，他强调勤奋是个人成功的重要因素，所谓"一分耕耘，一分收获"，一个人所获得的报酬和成果，与他所付出的努力是有极大关系的。运气只是一个小因素，个人的努力才是创造事业的最基本条件。

财富堆积的背后，少不了汗水的汇聚。李嘉诚的勤奋，突出地表现在学习上。14 岁那年，他历经了常人少有的坎坷：家道中落、漂流异乡、少年失学、父亲过世。本来漂泊异乡寄人篱下的打工糊口已经非常辛苦，但他依然坚持不懈地学习，李嘉诚说："别人是自学，我是'抢学'，抢时间自学。一本旧辞海，一本老版的教科书，自己自修。"为此，他对自己进行了严格的约束，除了《三国志》与《水浒传》，不看小说，不看休闲读物。在昏黄的灯光下，他摸索教学，演绎做题的逻辑，寻找每个篇章的关键词句，模拟师生对话，自问自答。没有学历、人脉、资金，要想出人头地，自学是他唯一的出路。

上天总是眷顾有准备的人。有一天，老板需要人帮他写信，刚好工厂里的文书请病假，老板就问："哪个人比较会写信、字写得好一点？"四五个职员都指向李嘉诚，"叫他写，他每天都念书写字。"老板望着这个未满 17 岁的小杂役，问道："你真的懂吗？"李嘉诚说："我可以试试。"于是立即动手写了好几封信。信寄出去之后，老板的朋友非常欣赏，问他："你这位先生是什么时候请的？比原来的要好。"这让老板对李嘉诚刮目相待，很快就把他从做杂役的小工，提升为货仓管理员。回忆这段往事时，李嘉诚感慨地说："知识改变命运。如果没有一点文学底子，写不好信也未必能得到那个职务。那个职务让我懂得货品的进出、价格，懂得了管理货品。"

李嘉诚在货仓管理员的位置上并没有待多长时间，便转为走街串巷的推销员，为了省钱，他很少坐车，几乎是用双脚丈量香港的土地。李嘉诚只要讲到这段时光，总是充满自豪地说："我 17 岁就开始做批发的推销员，从那时就体会到挣钱的不易、生活的艰辛了。人家做 8 个小时，我就做 16 个小时。公司里的推销员一共有 7 个，都是年龄大过我而且经验丰富的推销员。但由于我很勤奋，结果我推销的成绩，是除我之外的第一名的 7 倍。这样，18 岁我就做了部门经理，两年后，我又被提升为总经理。"难怪后来人们称呼李嘉诚为超人，这样的速度和能力，不是超人是什么？

1950 年，李嘉诚把握时机，用平时省吃俭用积蓄的 7000 美元在筲箕湾创办了自己的塑胶厂。

尽管后来李嘉诚已经过上了富足的小康生活，但他依然十分用功。虽然他只学过初中英语，却订阅了《当代塑料》等英文塑料专业杂志，不明白的就苦查辞典，不让自己与世界塑料潮流脱节。李嘉诚说："年轻时我表面谦虚，其实内心很骄傲。因为同事们去玩的时候，我去求学问；他们每天保持原状，而我自己的学问日渐提高。"更难能可贵的是，他为了提醒自己骄傲必败，就吸取书本中的智慧，将"长江"作为自己公司的名字，以此告诫自己要如长江汇聚百川，才能细水长流。

曾有人问富豪李嘉诚："今天你拥有如此巨大的商业王国，靠的是什么?"李嘉诚毫不犹豫地回答："靠学习，不断地学习。"是的，不断学习就是李嘉诚取得巨大成功的奥秘。

在60多年的从商生涯中，李嘉诚一如既往地保持着旺盛的求知欲望。他每天晚上睡觉前都要看半个小时的书或杂志，学习知识、了解行情、掌握信息。他说，读书不仅是乐趣，而且可启迪人的心智。据他自己讲，文、史、哲、科技、经济方面的书他都读，但不读小说。他不看娱乐新闻，认为这样可以节省时间。

荣膺世界华人首富以后，他并没有退休养老的打算，仍在不断地学习，每天继续在他的办公室里工作。他是一位真正身体力行"活到老，学到老"的杰出企业家。

【精神榜样】

树木要生长，要开花、结果，就必须充分吸收大自然中的阳光、空气和水。一旦供给停止，生长也就停止了；吸收的能量越多，生长的速度就越快。同样的道理，一个人，要想使自己的能力获得提升，就必须不断地学习，并且把学习到的知识转化为能力，这样才会越来越强大。李嘉诚在知识的海洋里不断奋进，在知识的山峦里不断探索，为他的财富人生打下了坚实基础。

 **留学教父俞敏洪**

【模范人生】

在俞敏洪的人生经历中，3次高考是他命运的一个关键点。

前两次高考落榜后，俞敏洪想考第三次。这样的想法在当时一般的农村家庭可能都不会接受，毕竟，考一次就要花一年，太耽误时间了。没想到，父亲同意了，说咱们家祖祖辈辈都是农民，上大学的可能性也不大，但现在你自己想学，就再给你一年的时间。不仅如此，母亲还同意他可以不干农活儿，全心全意地复习。

兴高采烈的俞敏洪跑去找曾和自己一起考过两年的伙伴，伙伴却被自己的母亲拦住了，那位母亲说："考什么考，都考了两年了。我们的命就是农民，好好回家来干活儿，早点娶媳妇给我生孙子。"

时隔30多年，今天，俞敏洪已经是一家美国上市公司的董事长，而那个少年时代的伙伴依然待在江苏农村。两个孩子的命运，在早期曾是那样的相似，却因为家长的一句话，从此天壤之别。

俞敏洪一直相信，一个人的命运，有一部分是可以改变的。而改变的唯一途径，就是通过自己的努力和勤奋。那些成天梦想着撞大运的人，永远只会抱怨。

在北京大学，俞敏洪所在班上出身农村的孩子只有3个。当时相貌和英语都不惊人的他在北大痛苦挣扎了5年，多出来的一年"奉献"给了肺结核。在养病的日子里，俞敏洪身心放松地读了600本名著，他说，这是他在北大除学英语外的最大收获。

1985年，俞敏洪毕业时正值北大公共英语迅速发展，英语教师奇缺。喜欢北大宁静生活的俞敏洪斗胆"混进"青年教师队伍，一个礼拜授课 8 节，就此拉开了他教育生涯的序幕。

最开始的时候，北大分给他一间 8 平方米的地下室，"愤青"俞敏洪读着马尔克斯的《百年孤独》，乐在其中。整个楼房的下水管刚好从他房间通过，24 小时的哗哗水声传进耳朵，俞敏洪把它听成美丽的瀑布，不去想象里面的内容。后来腾给他一间北大 16 楼的宿舍，地面的阳光让俞敏洪感激得热泪盈眶，决定把一辈子献给北大。

当俞敏洪为房子而折腰时，他的同学和周围朋友却嗅到了国门敞开后美元的味道，并努力向着味道的方向进军。"我发现周围朋友们都失踪了，最后接到他们从海外发来的明信片，才知道他们已经登陆北美大陆。"

对俞敏洪本人而言，出国的诱惑很长一段时间不敌《三国演义》。可他此时已是个已婚男人，虽然俞敏洪不想出国，可俞夫人想。"一个女人结婚以后最大的能力是自己不再进步，却能把一个男人弄得很进步或很失败。"多年以后他如此总结。

1988 年起，俞敏洪由"醉里挑灯看三国"，转为夜战 TOEFL、GRE，并终于考过。虽然分数不算很高，但毕竟撬开了出国的一条门缝儿。俞敏洪起初以为，自己至少能申请到一两个学校的全额奖学金。"但美国教授一个个鹰眼犀利，一下子就看出来我是个滥竽充数的草包，连太平洋一个小小岛屿上的夏威夷大学都对我不屑一顾。"俞敏洪自嘲。有几所美国大学发来录取通知书，但没有奖学金。美国大学的学费一年最低也要 2 万美元左右，当年相当于人民币 12 万元。俞敏洪的月工资是 180 元，从理论上讲，在美国读书的 4 年学费，是俞敏洪 222 年的工资。

挣扎 3 年，千金散尽，俞敏洪出国留学的梦想又一次在绝望中破灭。

此时，中国出国大潮正波澜壮阔，"百万雄师过大洋"。潮流浩浩荡荡之下，北京街头各种 TOEFL、GRE 培训班如雨后春笋出现，北大校里校外也不例外。俞敏洪到校外教英语，结果被北大记了一个行政记过处分。青年知识分子脸皮嫩，俞敏洪一横心，从北大辞了职。

离开北大的俞敏洪，经历了所有创业者必须经历的"先寄人篱下，再自立门户"的程序。不同的是，居无定所的动荡生活逆转了俞敏洪的家庭地位，"妻管严"变成"夫唱妇随"。为备课，俞敏洪背破两本《朗文现代英汉双解词典》，俞夫人则体贴有加，灯下帮忙抄写备课手稿，这便有了俞敏洪的成名作《GRE词汇精选》——GRE江湖宝典。

1993年，俞敏洪创办新东方学校。寒冬夜晚，俞敏洪拎着糨糊桶静待夜黑风高时寻觅电线杆张贴广告；白天，俞夫人正襟危坐等在电话机旁，接待学生报名。

多年以后，新东方创业元老徐小平评论："俞敏洪左右开弓的糨糊刷，在中国留学生运动史上，刷下最激动人心的一页华章。"

多年以后，新东方上市了，俞敏洪也成为留学"教父"，成为中国富豪榜的风云人物。但俞敏洪的形象，在新东方同事和学员的眼中依然如故。

"全世界谁最土？老俞——穿个背后印着'在绝望中寻找希望，人生终将辉煌'的新东方T恤去打高尔夫"；"不会用信用卡，提着一麻袋钱去度假"；"老俞最喜欢什么？电线杆！老俞喜欢中关村每一根电线杆。"

俞敏洪自己说："人分两种，一种人有往事，另一种人没有往事。我真心希望大家能从这些故事中，读出一点人生的痛苦、一点挣扎、一点不屈、一点顽强、一点辉煌；我也真心希望，大家能从痛苦中读出快乐，从绝望中读出希望，从黑暗中读出光明，从迷雾中读出方向。"在绝望中寻找希望，人生终将辉煌！

【精神榜样】

俞敏洪曾经讲过一个雄鹰和蜗牛的故事。能够到达金字塔顶端的只有两种动物，一是雄鹰，靠自己的天赋和翅膀飞了上去。还有另外一种动物，那就是蜗牛。蜗牛肯定只能是爬上去，从底下爬到上面可能要一个月、两个月，甚至一年、两年。而且，这个过程绝对不是一帆风顺的，一定会掉下来、再爬。但是，蜗牛只要爬到金字塔顶端，它眼中所看到的世界，它收获的成就，跟雄鹰是一模一样的。正是这种奋斗不息的蜗牛精神，改变了俞敏洪自己的命运，也激励着众多的学子不断努力。

国家统治者的楷模

【模范人生】

　　1809 年 2 月 12 日，林肯出生在肯塔基州哈丁县一个清贫的农民家庭，他的父亲和当时大多数美国农民一样，有很大的地需要辛苦耕种，同时还要做这做那，比如鞋匠、伐木工人和木匠等。用他自己的话说，他的童年是"一部贫穷的简明编年史"。小时候，他帮助家里搬柴、提水、做农活儿等。父母是英国移民的后裔，他们以种田和打猎为生。1816 年，林肯全家迁至印第安纳州西南部，以开荒种地为生。9 岁的时候，林肯的母亲就去世了。

　　一年后，父亲与一位寡妇结婚。继母慈祥勤劳，对待前妻的子女如同己出。林肯也敬爱继母，一家人生活得和睦幸福。由于家境贫穷，林肯受教育的程度不高。为了维持家计，少年时的林肯当过俄亥俄河上的摆渡工、种植园的工人、店员和木工。18 岁那年，身材高大（1.93 米）的林肯为一个船主所雇佣，与人同乘一条平底驳船顺俄亥俄河而下，航行千里到达奥尔良。

　　在 25 岁以前，林肯没有固定的职业，四处谋生。成年后，他成为当地一名土地测绘员，因精通测量和计算，常被人们请去解决地界纠纷。在艰苦的劳作之余，林肯始终是一个热爱读书的青年，他夜读的灯火总要闪烁到很晚。在青年时代，林肯通读了莎士比亚的全部著作，读了《美国历史》，还读了许多历史和文学书籍。他通过自学使自己成为一个博学而充满智慧的人。在一场政治集会上他第一次发表了政治演说。由于抨击黑奴制，提出一些有利于公众事业的建议，林肯在公众中有了影响，加上他具有杰出的人品，1834 年他被选为州议员。

两年后，林肯通过自学成为一名律师，不久又成为州议会辉格党领袖。1834 年 8 月，25 岁的林肯当选为州议员开始了自己的政治生涯，同时管理乡间邮政所，也从事土地测量，并在友人的帮助下钻研法律。几年后，他成为一名真正的律师，并且帮助了他死去的朋友的儿子。积累了州议员的经验之后，1846 年，他当选为美国众议员。1847 年，林肯作为辉格党的代表，参加了国会议员的竞选，获得了成功，第一次来到首都华盛顿。在此前后，关于奴隶制度的争论，成了美国政治生活中的大事。在这场争论中，林肯逐渐成为反对蓄奴主义者。他认为奴隶制度最终应归于消灭，首先应该在首都华盛顿取消奴隶制。代表南方种植园主利益的蓄奴主义者则疯狂地反对林肯。1850 年，美国的奴隶主势力大增，林肯退出国会，继续当律师。

1860 年，林肯成为共和党的总统候选人，11 月，选举揭晓，以 200 万票当选为美国第 16 任总统，但在奴隶主控制的南部 10 个州，他没有得到 1 张选票。

1865 年 4 月 14 日晚 10 时 15 分，林肯在华盛顿的福特剧院遇刺，次日身亡。5 月 4 日，林肯葬于橡树岭公墓。林肯领导美国人民维护了国家统一，废除了奴隶制，为资本主义的发展扫除了障碍，促进了美国历史的发展，一百多年来，受到美国人民的尊敬。由于林肯在美国历史上所起的进步作用，人们称赞他为"新时代国家统治者的楷模"。

【精神榜样】

林肯由一个贫苦的孩子成长为一位统率美国的政治家，深深激励着我们，他成功的关键不在于好运气，而全在于他奋发向上，努力不懈，迎接生活挑战的勇气。"天行健，君子以自强不息"，只要为了目标不断拼搏，世界上任何事情都是有可能的。我们青少年要有"一切皆有可能"的信念，不要犹豫自己的理想是否不切实际，而是要对自己充满自信，并做好迎接挑战的一切准备。

心灵舞者邰丽华

【模范人生】

邰丽华，女，生于 1976 年 11 月，是中国残疾人艺术团的舞蹈演员，中国特殊艺术协会副主席，也是 2005 年的春节晚会聋人舞蹈《千手观音》的领舞演员。

邰丽华的家在湖北省宜昌市。2 岁的时候，因为高烧注射链霉素，而永远失去了听力。从那以后，虽然生活在无声的世界里，然而她自己却茫然不知。直到 5 岁那一年，幼儿园的小朋友轮流蒙着眼睛，玩辨别声音的游戏。轮到她辨别声音了，当她睁开眼睛的时候，只能看到小朋友们的笑脸，却无法指出是谁发出了声音。邰丽华愣住了。她第一次意识到自己和别人不一样，邰丽华伤心地哭了。

邰丽华 7 岁进入宜昌市聋哑小学。学校里有一门特殊的课程，叫律动课。老师踏响木地板上的象脚鼓，把震动传达给站在木地板上的聋哑学生，孩子们由此知道什么是节奏。为了体验这种感觉，邰丽华总把脸颊紧贴在答录机喇叭上，全身心地感受不同的震动。至于电视里的舞蹈节目，更让邰丽华充满想象，跃跃欲试。从此，她爱上了舞蹈，爱得痴狂。

后来，邰丽华在残联的帮助下，进行正规的舞蹈训练。邰丽华 15 岁时已经有近 10 年的业余舞蹈经历。武汉市歌舞团一位姓赵的女老师在看到她是个可造之才的同时，又觉得无法有效地进行交流势必成为训练过程中最大的阻碍。因此，只答应先试验一段时间看看这个女孩的领悟能力再说。

武汉市歌舞团的排练厅里，镜子、把杆儿、木地板，当然还有不需要音乐的邰丽华。赵老师考验这个新学生的第一支舞就是《雀之灵》。又腿不到位，提腿不准确，手位不协调——在赵老师看来，她的关于舞蹈的一切似乎都不能令人满意。最后，赵老师干脆就把柔弱的小姑娘一个人扔在了排练室，自己拂袖而去。

此后的半个月，她将自己变成了一只旋转的陀螺，24小时中除了吃饭和睡觉，其他时间都是在舞蹈。开始的时候她只能原地转几个圈，半个月以后就转到二三百圈。一曲《雀之灵》有节拍700个左右，对于处在无声世界里的邰丽华来说，要想让舞蹈和这700多个节拍完全合上，唯一的方法就是记忆、重复、再记忆、再重复。重复到最后的时候，她的心里已经有了一支永远随时为她响起的乐队。

要学习，又要照料自己，还要学舞蹈，而且是在听不见音乐的条件下，邰丽华正是凭着一种执着和天赋，在舞蹈领域很快脱颖而出，获得了所在城市的舞蹈大奖。15岁时，邰丽华就随中国残疾人艺术团出国访问演出，以其灵动的舞姿赢得了异域观众的赞叹。而且在很多次舞蹈比赛中，评委们根本没有发现她竟是一位双耳失聪的残疾人。

在她表演的舞蹈作品中，邰丽华最喜欢的就是《雀之灵》。她第一次看见这个舞蹈是在电视上，著名舞蹈艺术家杨丽萍轻盈灵动的舞姿令她深深倾倒。从此，她像着了魔似的，经常对着录影带苦练。由于听不见音乐，更没有老师的辅导和其他教材，她完全凭借着自己的感觉和悟性在跳。

2002年5月起，中国残疾人艺术团开始进入文化市场探索商演与义演相结合的道路。邰丽华作为演员队长，规范演员管理，指导演员排练，改善团队作风，创新提高艺术。两年半来出访16个国家，巡演祖国22个省份，演出275场。

邰丽华和她的同事们被大家赞美为感动和激励世界的艺术精灵。北京残奥会开闭幕式的文艺表演，全部由邰丽华等人完成。她说："我们最大的梦想，就是帮助更多的残疾人。"

邰丽华除了辗转世界各地的表演，最大的梦想就是为残疾人创造出自己的舞蹈。残疾人自己的舞蹈是什么样的舞蹈，邰丽华说，对于这个梦想我不是很懂，也不想真正弄懂，我只知道，艺术是无止境的，作为一个残疾人艺术家的事业更是充满了奋斗的不确定性。我希望有一天可以真正走进残疾人的心灵世界，与他们共同分享那种因为残缺而带来的完美。

【精神榜样】

一个生活在无声世界的美丽女子，用她超乎常人的毅力、不向挫折低头的决心以及对梦想的执着，舞出了生命的奇迹，舞出了人性的真善美。邰丽华的故事告诉我们：只要不抛弃梦想，不放弃努力，用积极乐观的心态面对一切困难，那么我们每个人都可以创造出属于自己的奇迹，收获属于自己的幸福。

战胜残疾的尼克·胡哲

【模范人生】

尼克·胡哲（Nick Vujicic）1982年12月4日生于澳大利亚墨尔本，现居住在美国加利福尼亚州。尼克·胡哲一生下来就没有双臂和双腿，只在左侧臀部以下的位置有一个带着两个脚趾头的小"脚"。

看到儿子这个样子，他的父亲吓了一大跳，甚至忍不住跑到医院产房外呕吐；他的母亲也无法接受这一残酷的事实，直到尼克·胡哲4个月大她才敢抱他。

尼克·胡哲这种罕见的现象医学上取名"海豹肢症"。父母对这一病症发生在他身上感到无法理解，多年来到处咨询医生也始终得不到医学上的合理解释。

"我母亲本身是名护士，怀孕期间一切按照规矩做，"英国《每日邮报》7月1日援引尼克·胡哲的话报道，"她一直在自责。"

但是，尼克·胡哲的双亲并没有放弃对儿子的培养，而是希望他能像普通人一样生活和学习。

"父亲在我18个月大时就把我放到水里，"尼克·胡哲说，"让我有勇气学习游泳。"

尼克·胡哲的父亲是一名牧师，还是一名会计。尼克胡哲6岁时，父亲开始教他用两个脚指头打字。

后来，父母把尼克·胡哲送进当地一所普通小学就读。尼克·胡哲行动得靠电动轮椅，还有护理人员负责照顾他。母亲还发明了一个特殊塑料装置，可以帮助他拿起笔。

没有父母陪在身边，尼克·胡哲难免受到同学欺凌。"8岁时，我非常消沉，"他回忆说，"我冲妈妈大喊，告诉她我想死。"10岁时的一天，他试图把自己溺死在浴缸里，但是没能成功。期间双亲一直鼓励他学会战胜困难，他也逐渐交到了朋友。

直到13岁那年，尼克·胡哲看到一篇刊登在报纸上的文章，介绍一名残疾人自强不息，给自己设定完成一系列伟大目标的故事。他受到启发，决定把帮助他人作为人生目标。

如今回想起那段倍感艰辛的学习经历，尼克·胡哲认为这是父母为让他融入社会作出的最佳抉择。"那段时间对我而言非常艰难，但它让我变得独立。"

事实上，他现在拥有"金融理财和地产"学士学位。

经过长期训练，残缺的左"脚"成了尼克·胡哲的好帮手，不仅帮助他保持身体平衡，还可以踢球、打字。他要写字或取物时，也是用两个脚指头夹着笔或其他物体。

"我管它叫'小鸡腿'，"尼克·胡哲开玩笑说，"我待在水里时可以漂起来，因为我身体的80%是肺，'小鸡腿'则像是推进器。"

游泳并不是尼克·胡哲唯一的体育运动，他对滑板、足球也很在行，最喜欢英超比赛。

他还能打高尔夫球。击球时，他用下巴和左肩夹紧特制球杆，然后击打。

去年，尼克·胡哲在美国夏威夷学会了冲浪。他甚至掌握了在冲浪板上360度旋转这样的超高难度动作。由于这个动作属首创，他完成旋转的照片还刊登在了《冲浪》杂志封面。"我的重心非常低，所以可以很好地掌握平衡。"他平静地说。

由于尼克·胡哲的勇敢和坚忍，2005年他被授予"年度澳大利亚年轻公民"称号。

【精神榜样】

尼克·胡哲曾经说："人生最可悲的并非失去四肢，而是没有生存希望及目标！人们经常埋怨什么也做不来，但如果我们只记挂着想拥有或欠缺的东西，而不去珍惜所拥有的，那根本改变不了问题！真正改变命运的，并不是我们的机遇，而是我们的态度。"相比尼克·胡哲，我们大多数人都太幸运了。我们拥有健康的身体，那何不珍惜上天的赐予，为自己的梦想而奋斗呢？